ACADEMIC

KOREAN SPEAKING

Advanced Level

대학 강의 수강을 위한

한국어 말하기

고급

연세대학교 한국어학당 편

연세대학교 출판문화원

대학 강의 수강을 위한

한국어 말하기 (고급)

편저자 연세대학교 한국어학당 교재편찬위원회
집필진 황인교 · 김성숙 · 정회정 · 홍윤혜 · 심신애 · 오은희
펴낸곳 연세대학교 출판문화원

주소 서울시 서대문구 연세로 50
전화 02) 2123-3380~2
팩스 02) 2123-8673
ysup@yonsei.ac.kr
http://www.yonsei.ac.kr/press
등록 1955년 10월 13일 제9-60호
인쇄 동국문화(주)

2012년 5월 25일 1판 1쇄 2023년 6월 12일 1판 6쇄
ISBN 978-89-7141-996-0 (08710)
978-89-7141-987-8 (세트)

값 8,000원

머리말

국내 최고의 명성으로 한국어 교육의 50년 전통을 이어 온 연세대학교 언어연구교육원 한국어학당에서는 한국어 교육의 질을 높이기 위해 그동안 많은 교재를 편찬해 왔다. 최근 한국 내 대학, 대학원에서 수학하고 있거나 진학하고자 하는 외국인이 증가함에 따라 학문을 목적으로 하는 한국어 교재에 대한 학습자들의 요구가 높아지고 있다. 이에 따라 연세대학교 언어연구교육원 한국어학당에서는 대학 수학을 목적으로 하는 외국인 유학생들을 대상으로 한국어와 한국 문화를 교육할 수 있는 새로운 교재를 출간하게 되었다.

연세대학교 언어연구교육원 한국어학당에서 출간하는 이 교재는 대학 생활에 필요한 의사소통 기능을 집중적으로 향상시킬 수 있는 『대학 생활을 위한 한국어』 시리즈와 대학에서의 수학 능력을 집중적으로 향상시킬 수 있는 『대학 강의 수강을 위한 한국어』 시리즈로 되어 있다. 『대학 생활을 위한 한국어』 시리즈는 초급 학습자를 위한 『대학 생활을 위한 한국어 초급』, 중급 학습자를 위한 『대학 생활을 위한 한국어 중급 Ⅰ』, 『대학 생활을 위한 한국어 중급 Ⅱ』로 되어 있으며, 『대학 강의 수강을 위한 한국어』 시리즈는 중급 학습자를 위한 『대학 강의 수강을 위한 한국어 중급 Ⅰ』, 『대학 강의 수강을 위한 한국어 중급 Ⅱ』 그리고 고급 학습자를 위한 『대학 강의 수강을 위한 한국어 고급』으로 되어 있다.

『대학 생활을 위한 한국어』 시리즈는 한국어 학습 단계별로 요구되는 내용을 주제로 말하기, 듣기, 쓰기 능력을 향상할 수 있도록 다양한 과제와 활동으로 구성된 분리형 교재이다. 그리고 『대학 강의 수강을 위한 한국어』 시리즈는 대학 수학에서 요구되는 기능과 장르를 중심으로 말하기, 듣기, 쓰기, 읽기 능력을 향상할 수 있도록 실용적인 과제와 활동으로 구성된 분리형 교재이다. 이들 교재에서는 학습자들이 흥미를 가질 수 있는 주제와 상황을 기초로 여러 가지 의사소통 기능 및 전략을 배울 수 있도록 배려하였다.

『대학 생활을 위한 한국어』와 『대학 강의 수강을 위한 한국어』가 연세대학교 언어연구교육원 한국어학당에서 공부하는 학생들뿐만 아니라 한국 내에서 대학, 대학원 수학을 목적으로 하고 있는 모든 한국어 학습자들에게 도움이 되기를 바란다.

연세대학교 언어연구교육원
한국어학당 교재편찬위원회

일러두기

- 『대학 강의 수강을 위한 한국어 말하기 고급』은 대학의 교양 강의를 수강하면서 발표하거나 토론을 할 때 필요한 말하기 기능을 익히는 것을 목표로 한다. 본 교재는 총 10개 과로 이루어지며, 각 과는 수업 시수 2시간용으로 구성하였다.
- 본 교재는 발표와 토론이 무엇인지 개괄적인 성격을 보여주는 1과와 발표(2과~6과)와 토론(7과~10과)으로 구성하고, 발표와 토론의 담화 구조를 단계별로 나눈 후 각 단계에 해당하는 기능을 각 과에서 수행하도록 하여 발표와 토론의 과정을 경험하게 하였다.
- '발표'와 '토론'부분은 발표 또는 토론의 담화 구조에 적합한 담화 표현을 학습하는 데에 중점을 두었고 과제 활동을 통해 실제 담화 생산이 가능하도록 하였다.
- 각 과는 '도입, 본문 및 표현, 과제 활동'으로 구성되었다.

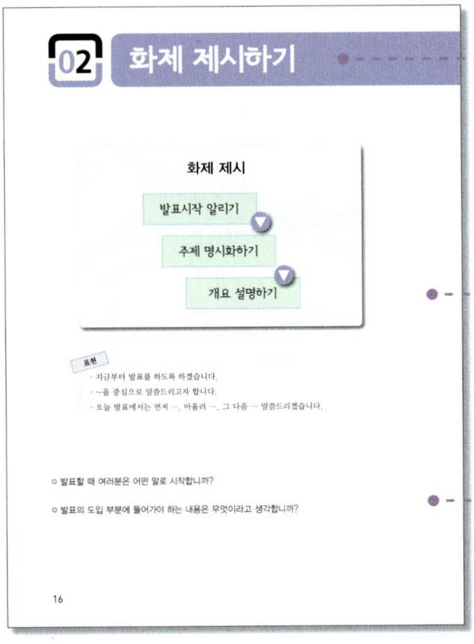
02 화제 제시하기

화제 제시

발표시작 알리기

주제 명시화하기

개요 설명하기

표현

· 지금부터 발표를 하도록 하겠습니다.

· ~을 중심으로 말씀드리고자 합니다.

· 오늘 발표에서는 먼저 …, 아울러 …, 그 다음 … 말씀드리겠습니다.

○ 발표할 때 여러분은 어떤 말로 시작합니까?

○ 발표의 도입 부분에 들어가야 하는 내용은 무엇이라고 생각합니까?

16

발표와 토론 전개에 따른 기능을 제목으로 두어 그 과에서 학습할 기능이 무엇인지 명시하였다.

강의 자료인 PPT 자료 화면으로 구성하여 각 과에서 배울 세부 기능과 주요 표현을 접하도록 하였다.

간단한 질문을 통해 배울 내용을 생각해 볼 수 있도록 하였다.

각 과에 해당하는 발표나 토론 단계에 적절한 발화문을 예시하여 전체적인 구성을 살펴볼 수 있도록 하였다.

예시 발화문의 구조가 어떻게 이루어져 있는지 그 구조를 세부적으로 단계를 나누어 살펴보도록 하였다.

예시된 발화문에 쓰인 표현 이외에 활용할 수 있는 다양한 담화 표현 및 그 표현을 학습할 수 있는 활동을 제시하였다.

〈과제 1〉
두 개의 과제 활동으로 구성되는데 첫 번째 활동에서는 그 과에서 학습한 담화 표현을 사용하여 하나의 담화를 연습하는 과제 활동을 하도록 하였고, 두 번째 활동에서는 실제로 사용할 수 있는 자료를 제시하고, 제시된 자료를 이용하여 담화를 생산하도록 하였다.

〈과제 2〉
자신이 발표 또는 토론할 주제를 가지고, 각 과의 담화 단계에 맞는 담화를 생성하고 연습하도록 하였다.

차례

- 머리말 3
- 일러두기 4
- 내용 구성 7

01 발표와 토론 8

02 화제 제시하기 16

03 내용 전개하기 24

04 덧붙여 설명하기 30

05 마무리하기 38

06 발표하기 44

07 입론하기 50

08 확인 질문하기 60

09 반론하기 68

10 토론하기 78

내용 구성

과	제목	내용
1	발표와 토론	• 발표와 토론의 종류 파악하기 • 발표와 토론의 구조 익히기 • 발표와 토론 준비하기
발표		
2	화제 제시하기	• 발표 시작 알리기 • 주제 명시화하기 • 개요 설명하기
3	내용 전개하기	• 정보 나열하기 • 화제 전환하기 • 특정 내용 부각하기
4	덧붙여 설명하기	• 자세히 설명하기 • 비교 · 대조 · 예시하기 • 요약하기
5	마무리하기	• 발표 마무리 알리기 • 발표 내용 요약하기 • 결론 말하기 • 마무리하기
6	발표하기	• 발표하기 • 질의 응답하기 • 발표에 대해 평가하기
토론		
7	입론하기	• 배경 설명하기 • 입장 표명하기 • 논거 제시하기 • 주장 정리하기
8	확인 질문하기	• 확인하기 • 보충 설명 요청하기 • 답변하기
9	반론하기	• 입론에서 제시한 논거 확인하기 • 부분적으로 동의하며 반박하기 • 반론의 논거 및 사례 제시하기 • 반론 정리하기
10	토론하기	• 토론하기 • 토론에 대해 평가하기

01 발표와 토론

발표의 종류

- 정보 제공 발표 (교육, 시범, 설명)
- 설득 발표 (태도변화, 행동촉구)

토론의 종류

- 정책토론
- 가치토론
- 사실토론

○ 다음을 연결하고 각각 어떻게 다른지 이야기해 봅시다.

종류	예	주제
설득 발표	교사의 수업 학생들의 발표	"녹색 성장을 위한 우리 고장의 전략" "스마트폰 판매 증대 방안" "나누고 섬기는 행복"
정보제공 발표	정치인의 연설 직장인의 프레젠테이션 설교, 강론	"사형제도를 폐지해야 한다" "교사의 체벌은 교육을 위해 필요하다" "양심적 병역 거부는 위헌이 아니다"
토론	의회의 정책 토론 방송 토론 법정 토론	"맞춤법에 맞게 글 쓰는 법" "웹페이지 제작의 실제" "청계천의 역사", "안락사", "한국 청소년의 독서 현황"

I. 다음 말하기 방식을 살펴봅시다.

가

최근 한국 중고생의 독서 현황에 대해 발표를 하도록 하겠습니다. 중고생들의 편향적인 독서 취향과 독서 시간의 부족 등으로 기본적인 사고력이 날로 저하되고 있는 요즘, 저는 한국 중고생의 독서에 어떤 문제가 있는지를 파악하고 그 해결책을 마련해 보려고 합니다. 이를 위해 다음과 같은 순서로 이야기하고자 합니다. 먼저 한국 중고생의 독서 현황을 선진국의 경우와 비교하여 한국 청소년의 독서량이 부족한 정도를 살피고 그 다음에 그 원인을 집중적으로 살펴보겠습니다. 그리고 마지막으로 한국 중고생의 독서량을 늘리기 위한 몇 가지 방안을 제안해 보고자 합니다.

나

청소년기는 학업이 중요한 시기이고 이런 시기엔 정독이 효과적인 독서법이라고 봅니다. 물론 방금 상대편 토론자께서 말씀하신 것처럼 요즘같이 인쇄물이 범람하는 시대에 모든 책을 꼼꼼히 읽는 것이 시간 낭비일 수 있다는 점은 인정합니다. 그러니까 모든 책을 정독하자는 얘기는 아닙니다. 다양한 책을 섭렵하는 것도 필요하니까요.

그러나 자신에게 필요한 기본서를 비롯해서 몇 가지 책은 확실하게 독파해야 하고 그런 책을 읽는 경우에는 당연히 정독을 해야 하지 않겠습니까?

1) 다음은 가 와 나 중 어느 것에 대한 설명입니까?

(나) 다른 견해를 가진 상대를 설득하고 있다.
(   ) 앞으로 할 이야기를 설명하고 있다.
(   ) 찬성과 반대를 분명하게 표명한다.
(   ) 논제에 대해 근거를 들어 주장한다.

2) 가)와 나)는 어떤 말하기인지 쓰고 그에 대해 각각 간단히 설명하십시오.

가) :

나) :

01 발표와 토론

발 표

1. 구성과 표현

구성		표현
도입	(인사) 시작 알림 주제 명시화 개요 설명	안녕하십니까? 저는 ~입니다. 그럼 발표를 시작하겠습니다. ~에 대해서 살펴보도록 하겠습니다. 오늘 발표에서 먼저…, 아울러 …, 그 다음 …을 말씀 드리겠습니다.
본문	내용 전개	~은 크게 다음 ~가지로 나누어 볼 수 있습니다. 먼저 …, 둘째 …, 마지막으로 ….
마무리	마무리 알림 요약 결과 마무리	지금까지 ~에 대해서 살펴보았습니다. 지금까지 말씀드린 것을 간단히 요약해 보면… 결론적으로 말씀드리자면 …다고 할 수 있습니다. 제 발표는 여기까지입니다.

다음 내용을 가지고 위 표현을 사용하여 '현대사회의 대중매체'에 대하여 간단히 이야기해 봅시다.

Ⅰ. 대중매체의 종류

1. 신문
2. 잡지
3. 방송
4. 인터넷

Ⅱ. 대중매체의 특성

1. 소비성
2. 즉흥성
3. 선정성
4. 일탈성

2. 발표 준비 과정

주제 선정 ·············· • 발표자의 능력, 청중, 발표 상황(시간, 장소, 시설 등)을 고려해야 한다.

▼

정보 및 자료 수집 ·············· • 자료를 검색하고 모은 자료를 분석하여 발표 주제에 맞는 자료를 골라야 한다.

▼

내용 구성 ·············· 서론, 본론, 결론으로 구성한다.

▼

연습 ·············· • 어떤 것을 준비해야 하는지를 순서대로 정리하고 발표 시에 주의할 점을 중심으로 정리하여 연습한다.

▼

발표 ·············· • ppt자료, 발표 원고, 나눠 주는 자료 등을 준비한다.

01 발표와 토론

토론

1. 구성과 표현

구성

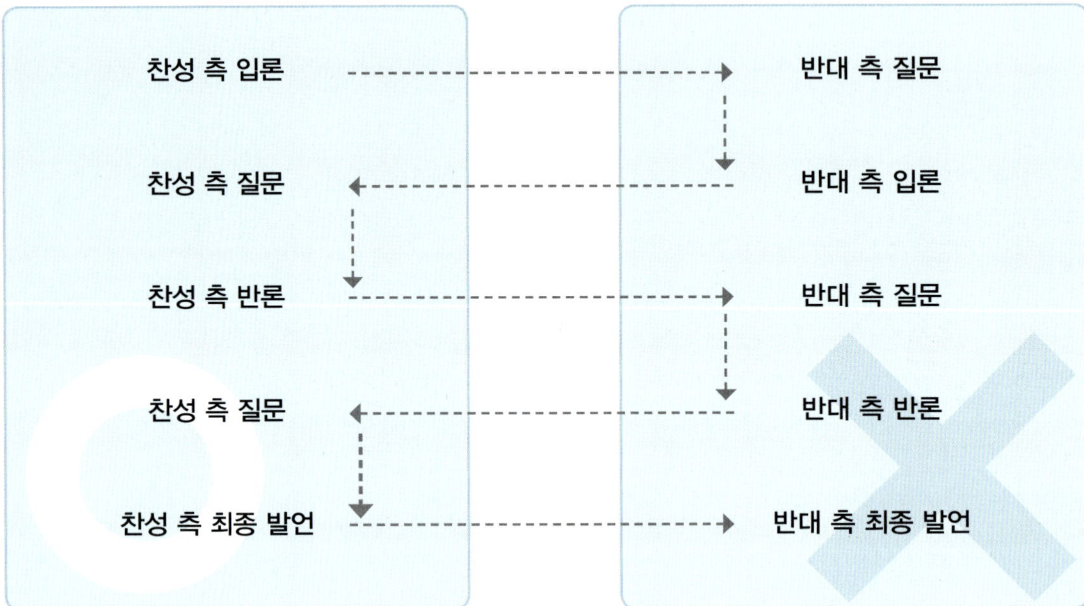

표현

입론	배경 설명	• 최근 우리 사회에서는 ~에 대한 논의가 활발합니다. • 요즘 우리 사회에서는 ~이 이슈/문제가 되고 있습니다.
	입장 표명	• 저는 …다는 입장입니다.
	논거 제시	• 그 근거로는 다음을 들 수 있습니다.
	주장 정리	• 무엇보다도 중요한 것은 …다는 것입니다. 따라서 저는 ~을 찬성/반대합니다.
반론	입론의 논거 확인	• ~씨는 …다는 점에서 이 주장에 찬성/반대한다고 했습니다.
	부분적으로 동의하며 반박하기	• ~씨의 말씀에도 일리가 있습니다만 …
	반론의 논거 및 사례 제시하기	• 저는 ~씨의 …다는 입장에 반대합니다.
	반론 정리하기	• 이러한 의미에서 ~을 분명히 말씀 드리는 바입니다.

다음 표를 보고 '소극적 안락사'에 대하여 위 구성과 표현에 맞게 간단히 토론을 시작해 봅시다.

찬성 측 입론	인간은 인간답게 살 권리와 함께 인간답게 죽을 권리가 있다. 소극적 안락사를 인정해야 인간은 죽는 순간에도 존엄성을 지킬 수 있다.
▼	
반대 측 질문	소극적 안락사나 적극적 안락사나 근본적으로 죽음이라는 점에서는 같지 않은가?
▼	
찬성 측 답변	전자는 의사가 의료 행위를 중단할 뿐이므로 약물을 투약하여 죽음에 적극 개입하는 후자와는 그 의도나 방법에 있어서 확실하게 차이가 있다.
▼	
반대 측 입론	생명은 자연적으로 주어진 것으로 인간이 마음대로 할 수 있는 게 아니다. 소극적 안락사는 인간이 죽음을 선택할 수 있게 하므로 윤리적으로 심각한 문제가 된다.
▼	
찬성 측 질문	생명을 인위적으로 연장하는 것 역시 자연의 섭리에 위배되는 행위가 아닌가?
▼	
반대 측 답변	그렇다고 인간이 스스로의 생명을 없애는 행위를 허용해서는 안 된다. 죽음을 선택하는 것은 삶의 다른 선택과는 차원이 다른 문제이다.

2. 토론준비 과정

논제 결정 …… • 쟁점이 하나여야 하며 의미가 명확하게 드러나야 하고 감정적이거나 주관적인 태도가 배제되어야 한다.

▼

자료 조사 및 정리 …… • 자료를 조사하고 자료를 분류, 정리한다.

▼

입론 …… • 주장과 근거, 핵심 용어 및 정의, 필요한 정보 및 사례를 중심으로 내용을 만든다.

▼

상호 질문 및 답변 …… • 반박할 질문과 그에 대한 상대 팀의 답변을 예상해 본다.

▼

반론 …… • 상대 팀이 주장할 근거와 문제점을 정리하고 반박할 정보 및 사례를 준비한다.

▼

토론 …… • 토론할 내용을 정리하고 토론 순서를 정한다.

Ⅱ. 발표와 토론을 준비해 봅시다.

다음 자료를 참조하여 각자 발표할 주제를 선정해 봅시다.

계열	내용	발표 주제 예
인문	문학, 언어, 역사, 철학, 사상, 인간학, 미학, 윤리, 논리, 신화, 종교학, 고고학, 문화, 연극, 미술, 문화예술, 영화, 미디어, 디자인, 무용, 음악, 매체와 예술, 공연예술 등	"한국의 풍수지리 사상"
사회	사회학, 심리학, 경제, 정치, 법, 경영, 행정, 외교, 교육, 조직 , 정보사회, 언론, 가족제도, 국제관계, 국제통상, 인구, 인류학, 지리학, 영상학, 여성학, 대중문화, 취업, 기업 등	"남북대화의 문제점과 앞으로의 전망"
자연	수학, 물리학, 생물(의 진화), 생명, 지구, 우주, 기후, 생명과학, 환경, 해양환경, 컴퓨터, 인터넷, 과학기술과 사회, 통계학, 정보통신, 화학, 원예, 건강과 위생, 의복과 현대 사회 등	"인간복제가 사회에 미치는 영향"

다음 자료를 참조하여 팀별로 토론할 논제를 선정해 봅시다.

정책 토론	가치 토론
· 기여입학제도는 시행되어야 한다. · 홈스쿨링을 제도화해야 한다. · 낙태는 전면 금지되어야 한다 · 사형 제도를 폐지해야 한다. · 안락사를 허용해야 한다. · 성범죄자 신상을 공개해야 한다. · 아파트 분양 원가는 공개되어야 한다. · 치료 목적에 사용되는 인간 배아 복제는 허용되어야 한다. · 양심적 병역 거부는 허용 되어야 한다.	· 외국어 조기 교육 과연 좋은가 · 지구온난화 심각한가 · 건강식은 건강에 좋은가 · 기업에게 사회적 책임이 있는가 · 입양 사실 알리는 것이 좋은가 · 인터넷의 악의적 댓글은 명예훼손이다. · 신세대 문화는 퇴폐적이다. · 명품은 사치품이다. · 군 복무 경험이 사회생활에 도움이 된다. · 성형수술이 취업에 도움이 된다

정책 토론은 문제의 인식과 해결 방안의 차이를, 가치토론은 가치관과 사고방식의 차이를 논하는 것으로 전자는 해결방안을 찾아 정책 수립이 가능해야 한다.

02 화제 제시하기

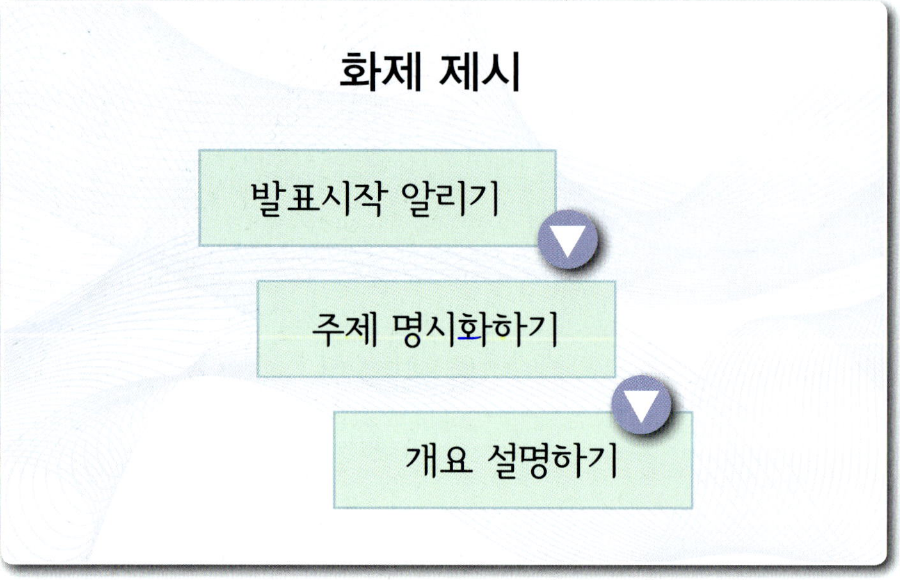

표현

- 지금부터 발표를 하도록 하겠습니다.
- ~을 중심으로 말씀드리고자 합니다.
- 오늘 발표에서는 먼저 …, 아울러 …, 그 다음 … 말씀드리겠습니다.

- 발표할 때 여러분은 어떤 말로 시작합니까?
- 발표의 도입 부분에 들어가야 하는 내용은 무엇이라고 생각합니까?

안녕하십니까? 저는 사회복지학과 10학번 김영수입니다. 지금부터 제가 조사하고 연구한 내용에 대해 발표를 하도록 하겠습니다. 저는 오늘 국내 아동 복지의 현황과 복지 정책 개선 방안을 중심으로 말씀드리고자 합니다. 최근에는 여러분도 알다시피 아동의 복지 문제가 인도적인 차원에서만 다뤄지는 수준을 넘어섰지요? 이제 아동은 인간의 모든 권리를 가진 존재라는 인식이 유엔헌장이나 여러 나라의 법제도상에 반영되고 있습니다. 한국에서도 아동 복지 수준이 어디까지 왔나 그 실태를 알아보고, 또 현재 이루어지고 있는 아동 복지 정책을 분석하고, 문제점과 나아가야 할 방향을 짚어보는 것은 중요하다고 보겠습니다.

오늘 발표에서는 먼저 아동 복지가 무엇인지 그 개념을 정의하고, 한국의 아동 복지가 현재 어느 수준에서 어떤 방식으로 이루어지고 있는지 관련 기관들을 대상으로 한 설문조사 결과를 바탕으로 그 실태를 살펴보도록 하겠습니다. 아울러 정부 차원에서 실시되고 있는 아동 복지 정책을 분석해 보겠습니다. 그 다음, 현재 이루어지고 있는 아동 복지 정책의 문제점을 밝히고 나아가 개선 방안을 제시하는 순으로 발표를 하고자 합니다.

1. 위 발표를 시작하는 말을 세 부분으로 나누어 봅시다.

도움말

- 발표를 시작할 때, 우선 청중의 주의를 집중시킨다.
- 필요한 경우, 간단하게 자기소개를 한다.
- 발표의 주제를 제시하되, 간결하고 직선적으로 표현한다.
- 주제를 어떻게 다루어 갈 것인지 간단하게 설명한다.

02 화제 제시하기

2. 다음 구성과 표현을 살펴봅시다.

발표 시작 알리기

• 안녕하십니까? 저는 사회복지학과 10학번 김영수입니다. **지금부터** 제가 조사하고 연구한 내용**에 대해 발표를 하도록 하겠습니다.**

▼

주제 명시화하기

• 저는 오늘 한국의 아동 복지의 현황과 복지 정책 개선 방안을 **중심으로 말씀드리고자 합니다.**

▼

개요 설명하기

• **오늘 발표에서는 먼저,** 아동 복지가 무엇인지 그 개념을 정의하고, 한국의 아동 복지가 현재 어느 수준에서 어떤 방식으로 이루어지고 있는지 관련 기관을 대상으로 한 설문조사 결과를 바탕으로 그 실태**를 살펴보도록 하겠습니다. 아울러** 정부 차원에서 실시되고 있는 아동 복지 정책**을 분석해 보겠습니다. 그 다음,** 현재 이루어지고 있는 아동 복지 정책의 문제점을 밝히고 **나아가** 개선 방안**을 제시하는 순으로 발표를 하고자 합니다.**

표 현

발표 시작 알리기	• **지금부터 발표를 하도록 하겠습니다.** • **그럼 발표를 시작하겠습니다.**
주제 명시화하기	• 한국의 아동 복지의 현황과 복지정책 개선 방안을 **중심으로 말씀드리고자 합니다.** • 한국의 아동 복지의 현황과 복지정책 개선 방안**에 대해서 살펴보도록 하겠습니다.** • 한국의 아동 복지의 현황과 복지정책 개선 방안을 **소개해 드리도록 하겠습니다.** • **오늘 말씀드리려고 하는 주제는** 한국의 아동 복지의 현황과 복지정책 개선 방안**입니다.** • **저는** 한국의 아동 복지의 현황과 복지정책 개선 방안을 **주제로 삼았습니다.** • 한국의 아동 복지의 현황과 복지정책 개선 방안을 **분석해 보고자 합니다.** • 한국의 아동 복지의 현황과 복지정책 개선 방안을 **보려고 합니다.** • 한국의 아동 복지의 현황과 복지정책 개선 방안을 **알아보고자 합니다.**
개요 설명하기	• **오늘 발표에서는 먼저** 아동 복지의 개념과 실태를 밝히고, **아울러** 아동 복지 정책을 분석해 보겠습니다. **그 다음** 복지 정책의 문제점을 밝히고 **나아가** 개선 방안을 **제시하는 순으로 발표를 하고자 합니다.** • **우선** 아동 복지의 개념과 실태를 밝히고, 그리고 아동 복지 정책을 분석해 보겠습니다. **마지막으로/ 끝으로** 복지 정책의 문제점과 개선 방안**에 대해서 말씀드리겠습니다.**

위 표현을 사용하여 화제를 제시해 봅시다.

주제 : 인삼

개요 : • 인삼의 유래
• 인삼의 종류
• 인삼의 약효

주제 : 태권도

개요 : • 태권도의 역사
• 태권도의 품새
• 태권도의 도복

02 화제 제시하기

과제 1

1. 다음 자료를 보고 이 발표의 화제를 제시해 봅시다.

외국인 모델의 광고 효과

1. 현재 광고 시장의 특징
2. 외국인 모델의 장점과 단점
3. 광고 모델의 광고 효과
   1) 국적에 따른 광고 효과
   2) 인종에 따른 광고 효과

화장품 산업 실태조사

1. 화장품 산업의 정의 및 특성
2. 국내 화장품 산업 동향
   1) 시장의 흐름 분석
   2) 기업의 동향
3. 세계 화장품 산업 동향
   1) 세계 화장품 산업 시장의 특징
   2) 주요국의 화장품 산업 동향

인사 → ______________________

발표 시작 알리기 → ______________________

주제 명시화하기 → ______________________

개요 설명하기 → ______________________

____

2. 다음의 자료를 이용해서 실제 발표 상황에 맞게 화제를 제시해 봅시다.

❶

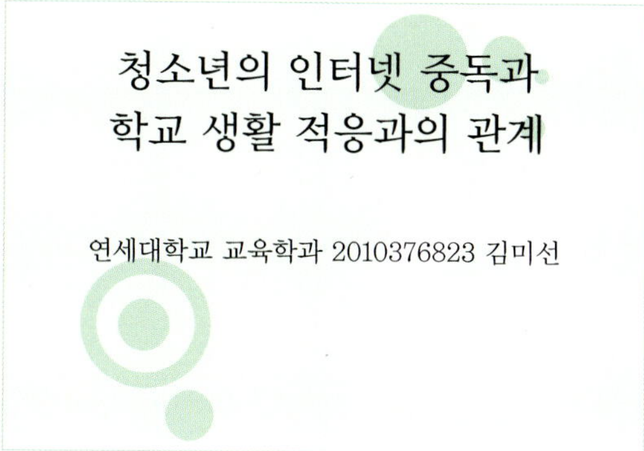

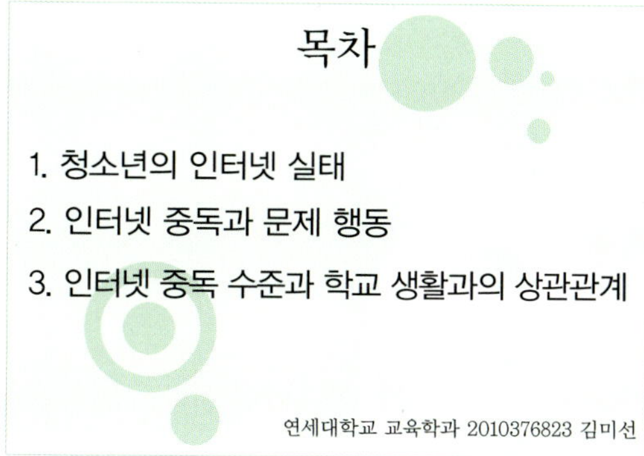

❷

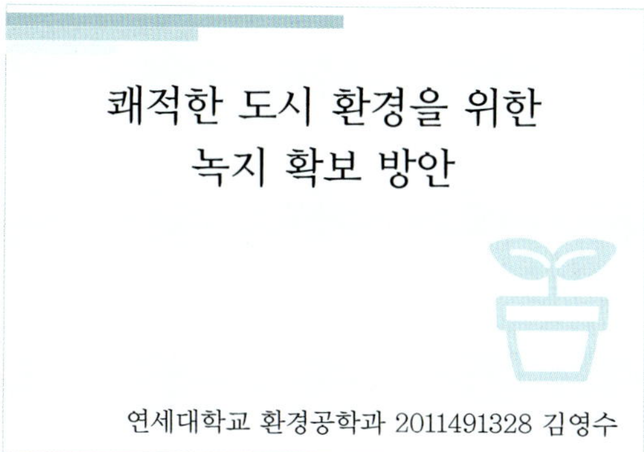

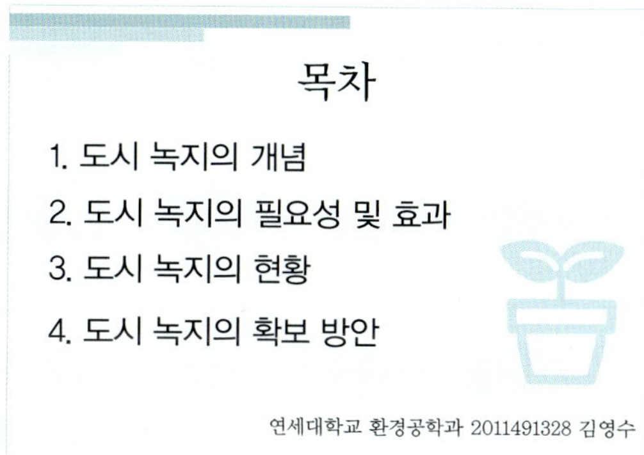

02 화제 제시하기

과제 2

자신이 발표할 주제에 따라 목차를 정리한 후, 인사, 자기소개, 주제 명시, 개요 설명으로 이어지는 발표문을 구성해 봅시다.

제목 : ______________________

〈목차〉

1. ______________________

2. ______________________

3. ______________________

주제	
발표 시작 알리기	
주제 명시화하기	
개요 설명하기	

✔ 위 발표문을 구성할 때 다음과 같은 점을 검토한다.

- 적절한 인사와 자기소개를 했나? ☐
- 발표를 시작한다는 표현을 사용했나? ☐
- 발표할 주제가 무엇인지 분명하게 제시했나? ☐
- 발표를 어떻게 전개할 것인지 설명했나? ☐

03 내용 전개하기

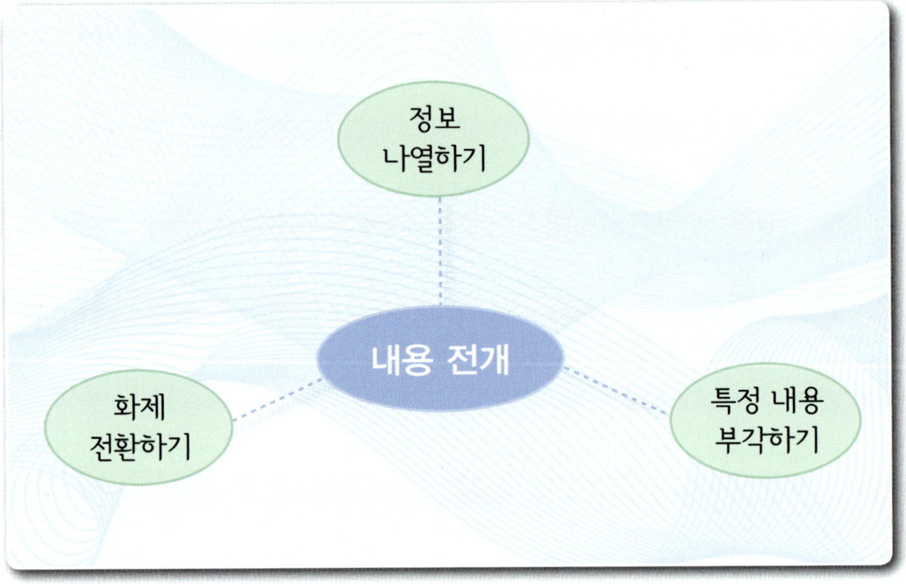

표현

- ~에 대해 크게 세 가지로 나누어 말씀드리겠습니다.
- 이번에는 ~에 대해 살펴보도록 하겠습니다.
- 여기에서 주목할 점은 ~입니다.

- 전달할 정보가 여러 개일 때 어떻게 나열합니까?
- 다른 화제로 내용을 전환할 때 어떤 말로 시작합니까?

외국어 수업에서 게임 활용의 효과는 크게 다음 세 가지로 나누어 볼 수 있습니다. 먼저 게임은 학습자에게 흥미를 제공하고 학습의 동기를 유발합니다. 둘째, 게임은 협동 학습을 통해 반 구성원들 사이의 친화력을 향상시킵니다. 마지막으로 게임은 정확도를 평가하는 것이 아니라 연습이 목적이라는 점에서 유창성을 기르는 데 효과적입니다.

이상 간단하게 게임 활용의 효과에 대해서 말씀드렸고, 이번에는 외국어 교재에서 게임이 어떻게 쓰이고 있는지 살펴보도록 하겠습니다. 저는 영어권, 프랑스어권, 독일어권 이렇게 세 언어권의 교재를 선정해서 분석해 보았는데요, 한 가지 특이한 점은 독일어 교재의 경우 다른 언어권 교재와는 달리 게임이 선택이 아니라 필수적으로 포함되어 있다는 것입니다. 그렇다면 왜 독일어 교재에서 게임이 이렇게 중요한 위치를 차지하는 걸까요? 저는 그 이유를 다음의 세 가지로 꼽아보았습니다.

1. 위 발표의 내용은 크게 두 부분으로 나눌 수 있습니다. 각각 무엇에 대해 이야기하고 있습니까? 그리고 그 두 부분은 어떻게 연결되어 있습니까?

2. 다음 구성과 표현을 살펴봅시다.

구성	표현
정보 나열하기	• 외국어 수업에서 게임 활용의 효과는 **크게** 다음 **세 가지로 나누어 볼 수 있습니다. 먼저** 게임은 학습자에게 흥미를 제공하고 학습의 동기를 유발합니다. **둘째,** 게임은 협동 학습을 통해 반 구성원들 사이의 친화력을 향상시킵니다. **마지막으로** 게임은 정확도를 평가하는 것이 아니라 연습이 목적이라는 점에서 유창성을 기르는 데 효과적입니다.
화제 전환하기	• **이상 간단하게** 게임 활용의 효과**에 대해서 말씀드렸고, 이번에는** 외국어 교재에서 게임이 어떻게 쓰이고 있는지 **살펴보도록 하겠습니다.**
특정 내용 부각하기	• **한 가지 특이한 점은** 독일어 교재의 경우 다른 언어권 교재와는 달리 게임이 선택이 아니라 필수적으로 포함되어 있**다는 것입니다.**

도움말

- 내용을 전개할 때는 주제에 맞는 화제를 중심으로 말해야 한다.
- 화제를 전환하고자 할 때는 앞의 말을 간단하게 마무리한 후, 다른 화제로 전환한다는 표지를 주고 넘어가는 것이 좋다.

03 내용 전개하기

표 현

정보 나열하기	· 제가 오늘 말씀 드릴 내용은 **크게 두 가지로 나누어 볼 수 있겠습니다.** · 외국어 수업에서 게임 활용의 효과에 대해 **세 가지로 나누어 말씀드리겠습니다.** · 저는 그 이유를 **다음의 세 가지로 꼽아 보았습니다.** · 독일어 교재에서 게임이 적극적으로 활용되고 있는 이유로는 **다음의 네 가지가 있습니다.** · **먼저** 게임은 학습자에게 흥미를 제공하고 학습의 동기를 유발합니다. · **둘째,** 게임은 협동 합습을 통해 반 구성원들 사이의 친화력을 향상시킵니다 · **마지막으로** 게임은 유창성을 기르는데 효과적**이라는 것입니다.**
화제 전환하기	· **이상/지금까지** 간단하게 게임의 활용**에 대해서 말씀드렸습니다/알아보았습니다. 다음은** 외국에 교재에 사용된 게임을 분석해 보겠습니다. · **이제 다음으로 넘어가서** 영어권 교재에 사용된 게임에 대해 말씀 드리겠습니다. · **이번에는** 프랑스어 교재에 사용된 게임에 대해 살펴보도록 하겠습니다.
특정 내용 부각하기	· **그런데 한 가지 특이한 점은** 독일어 교재의 경우는 게임이 필수적인 요소로 사용된다는 것/점입니다. · **여기에서 중점적으로 살펴볼 점은/여기에서 주목할 점은/ 여기에서 중요한 점은** 독일어 교재에 나타난 게임의 양상입니다.

위 표현을 사용하여 발표할 내용을 전개해 봅시다.

1) 정보나열하기

좋은 글의 요건
- 적절하고 타당한 주제가 있어야 한다.
- 명확하고 잘 읽히는 문장이어야 한다.
- 짜임새 있는 구성으로 이루어져 있다.

2) 화제 전환하기

패러디의 개념

▼

패러디의 구체적인 사례

3) 특정 내용 부각하기

〈한국의 IMF 외환위기 극복 과정에서 특히 주목할 부분 언급하기〉

1997년 시작된 한국의 IMF 외환위기는 2001년 일단 그 위기를 벗어났다.
– 한국의 경우 국가적 차원에서 해결 방법을 모색한 것 이외에 국민적 차원에서 '금 모으기 운동'을 전개해 위기를 극복하는 데에 큰 역할을 했다.

과제 1

1. 다음 자료를 보고 이 발표의 내용을 전개해 봅시다.

〈화제 1〉

- 한국 드라마의 전반적인 특징

  정보1) 신분의 차이를 뛰어 넘는 사랑 이야기가 많음

  정보2) 역사 드라마나 정치 드라마 등 제작비가 많이 드는 대작 드라마가 많음

  정보3) 출생의 비밀이나 불륜 등 복잡한 인간관계를 그린 드라마가 많음

〈부각할 특정 내용〉

- 주인공들의 부모님을 비롯한 가족이 주변 인물로 등장하는데 이것은 가족을 소중히 여기는 한국 사회의 문화를 반영한 것

〈화제 2〉

- 한국 드라마에 나타나는 남성과 여성의 특징

정보 나열하기 → ______________________________

____

____

____

특정 내용 부각하기 → ______________________________

____

화제 전환하기 → ______________________________

____

2. 다음의 자료를 사용하여 실제 발표 상황에 맞게 내용을 전개해 봅시다.

1)

매체 교육의 장점

1. 시간과 공간의 제약을 받지 않음.
2. 학습자 중심의 자율적 학습이 가능함.
3. 반복 학습을 통한 효과적인 학습이 가능함.

※자신에게 맞는 효율적인 방법을 스스로 찾아내어 학습하는 것이 가장 중요함.

매체를 활용한 효율적인 학습 방법

1. 강의 속도를 자신에게 맞게 조절할 것.
2. 도중에 마음대로 끊지 말고 한번에 끝까지 들을 것.

2)

한국의 저출산 원인

- 결혼과 자녀에 대한 가치관 변화
- 여성의 결혼 연령 상승에 따른 출산율 저하
- 경제 활동에 참여하는 여성 증가
- 자녀 양육비 및 교육비 부담

※자녀 교육비 부담이 한국의 경우처럼 큰 비중을 차지하는 나라가 없음. 그러므로 출산 장려를 위해 자녀 교육비 문제 고려되어야 함.

저출산 현상에 대한 한국 정부의 대책

- 자녀 양육부담을 줄이기 위해 셋째 자녀부터 교육비 우선 지원
- 남성 직장인의 육아 휴직 장려
- 개방적 이민정책으로 한국인 늘리기 프로젝트 추진

과제 2

자신이 발표할 주제에 따라 정보 나열하기, 화제 전환하기, 특정 내용 부각하기 등을 이용해 발표문을 구성해 봅시다.

주제	
정보 나열하기	
화제 전환하기	
특정 내용 부각하기	

✔ 위 발표문을 구성할 때 다음과 같은 점을 검토한다.

- 주제에 벗어나지 않게 정보를 나열했나? ☐
- 다른 화제로 전환할 때 흐름이 자연스러웠나? ☐

04 덧붙여 설명하기

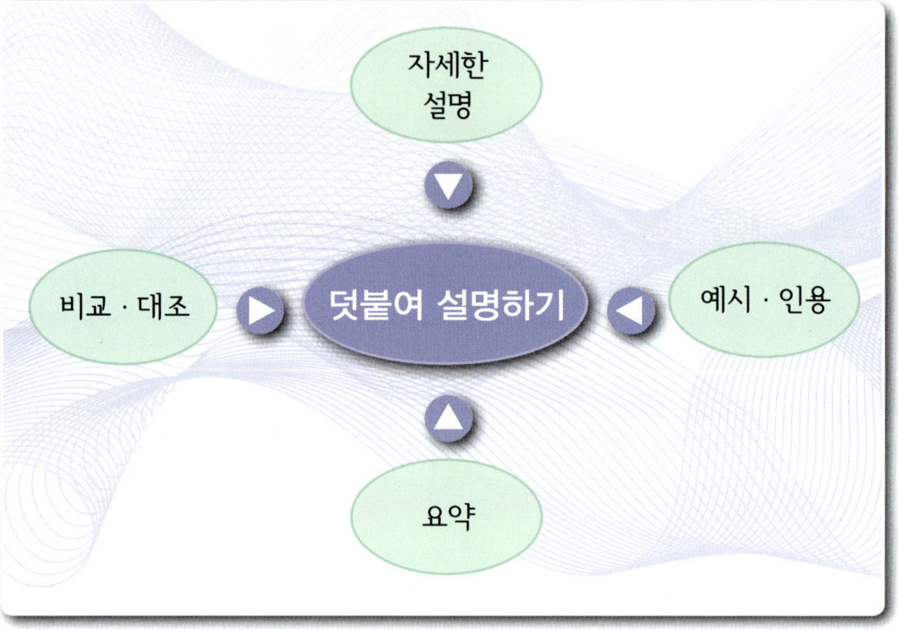

표현

- 좀 더 자세히 설명 드리자면, …
- …는 반면 …
- 그러니까 한 마디로 …다는 말씀이죠.

- 발표하는 내용을 좀 더 자세히 설명하고 싶을 때 어떤 말을 합니까?

- 두 가지 내용을 비교할 때는 어떤 표현을 사용합니까?

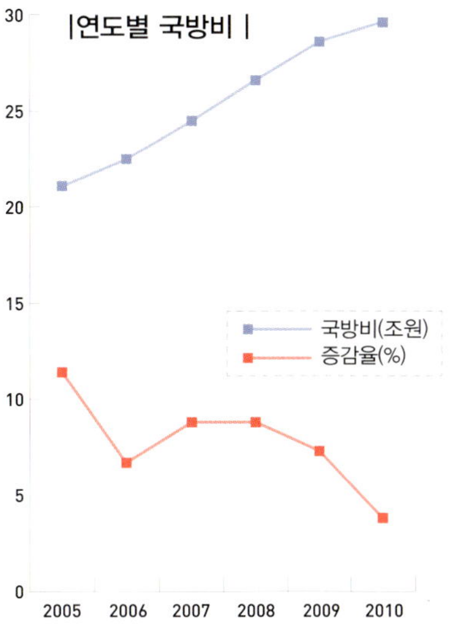

다들 아시겠지만 남한과 북한은 아주 오랫동안 하나의 국가로 생활해 왔습니다. 좀 더 자세히 설명 드리자면, 통일신라시대를 북쪽에 있는 발해와 신라가 양립하는 시대로 보는 견해도 있기는 하지만, 일반적으로 676년 신라가 삼국을 통일한 이후부터 남북한이 따로따로 나라를 만든 1948년까지 1300여 년 동안 한민족은 하나의 국가로 살아왔다고 보고 있습니다.

물론 같은 민족이라고 해서 꼭 하나의 국가를 만들어야 한다는 법은 없습니다. 미국과 영국을 보세요. 미국은 종교의 자유를 찾아 아메리카 대륙으로 건너간 영국 사람들이 세운 나랍니다. 그러나 미국과 영국이 통일되어야 한다고 주장하는 사람은 아무도 없습니다.

이렇게 따로 살아도 아무 문제가 없는 나라가 있는 반면, 따로 사는 것이 세계 평화에 위협이 되는 국가도 있습니다. 바로 남북한이 그런 경우입니다. 현재 북한의 핵 개발은 동북아시아 국가들뿐만 아니라 전 세계가 관심을 가지고 있는 문제입니다. 또한 남북한은 서로 대치 상태에 있기 때문에 그래프에서 보시다시피 국가 재정의 많은 부분을 국방 예산에 할애하고 있고, 그래서 북한의 경제 상황은 더욱 위태로운 상황입니다. 그러니까 한 마디로 세계 평화는 물론, 남북한 국민의 기본적 복지를 실현하기 위해서라도 남북한은 하루빨리 통일을 해야 한다는 말씀이죠.

1. 위 발표문을 자세한 설명, 비교를 통한 예시, 내용 요약의 세 부분으로 나누어 봅시다.

도움말

- 사진 등 시각적 매체나 통계 수치 등 객관적 자료를 제시하여 주의를 집중시킨다.
- 비교할 때는 비슷한 점을, 대조할 때는 다른 점을 부각시킨다.
- 요약하는 내용은 가능한 한 간단하게 덧붙여야 한다.

04 덧붙여 설명하기

2. 다음 구성과 표현을 살펴봅시다.

자세히 설명하기

- 다들 아시겠지만 남한과 북한은 아주 오랫동안 하나의 국가로 생활해 왔습니다. **좀 더 자세히 설명 드리자면**, 통일신라 시대를 … 1300여 년 동안 한민족은 하나의 국가를 이루어 살아왔다고 보고 있습니다.

▼

비교 · 대조 · 예시하기

- 물론 같은 민족이라고 해서 꼭 하나의 국가를 만들어야 한다는 법은 없습니다. 미국과 영국**을 보세요**. 미국은 종교의 자유를 찾아 아메리카 대륙으로 건너간 영국 사람들이 세운 나랍니다. 그러나 미국과 영국이 통일해야 한다고 주장하는 사람은 없습니다. 이렇게 따로 살아도 아무 문제가 없는 나라가 있**는 반면** 따로 사는 것이 세계 평화에 위협이 되는 국가도 있습니다. … **그래프에서 보시다시피** 국가 재정의 많은 부분을 국방 예산에 할애하고 있고, …

▼

내용 요약하기

- **그러니까 한 마디로** 세계 평화를 위해 남북한은 하루빨리 통일을 해야 한**다는 말씀이죠.**

표 현

자세히 설명하기	• **좀 더 자세히/구체적으로/명확히 설명 드리자면,** 1300여 년 동안 한민족은 하나의 국가로 살아왔다고 보고 있습니다. • **그 이유는** 한 민족이 1300여 년이라는 오랜 시간 동안 한 국가를 이루며 살아왔**기 때문입니다.** • 민족**이란** 한 지역에서 태어나 생활하면서 언어와 역사 등을 함께하는 인간 집단**을 가리킵니다.** • 민족이 공유하는 것**을 자세히 분석하면** 언어, 습관, 문화, 역사 등이 있습니다.
비교 · 대조 하기	• 따로 살아도 괜찮은 나라가 있는 **반면/있는가 하면** 따로 사는 것이 위협이 되는 국가도 있습니다. • 미국이나 영국**과는 달리** 남북한은 빨리 한 나라가 되어야 합니다. • 따로 살아도 괜찮은 나라가 있습니다. **이에 반해/이와는 대조적으로/이와는 달리** 따로 사는 것이 세계 평화에 위협이 되는 국가도 있습니다. • 미국의 사례**와** 한국의 사례**를 비교해 보면** 많이 다름을 알 수 있습니다.
예시 · 인용 하기	• 분단되었다가 통일을 이룬 국가의 **예로는** 독일과 베트남 **등이 있습니다.** • 독일**과 같이** 양쪽이 평화적으로 통일 조약을 체결**한 사례가 있습니다.** • **예를 들어 말씀 드리면/예를 들자면,** 독일과 베트남**의 경우를 한 번 보시죠.** • **보시는 바와 같이** 독일의 경우는 조약에 의한 통일 사례**에 속하고** 베트남의 경우는 전쟁에 의한 통일 사례**에 속합니다.** • 전문가들의 연구**에 따르면**/연구**에 의하면** 향후 10년 이내에는 통일이 힘들 거라는 전망입니다.
요약하기	• **그러니까 한 마디로** 세계 평화를 위해 남북한은 하루빨리 통일을 해야 **한다 그 말씀이죠./한다는 말씀이죠./한다는 겁니다.** • **여기까지** 통일의 필요성**에 대한 내용이었습니다./대해서 말씀드렸습니다.** • **지금까지 말한 내용을 간단하게 정리해 보면,** 세계 평화를 위해 남북한은 조속히 통일을 이루어야 합니다. • **요약하자면/말하자면/무슨 얘긴가 하면/짧게 정리해보면,** 세계 평화를 위해 남북한은 조속히 통일을 이루어야 합니다. • **다시 말해서/다시 말하면/다른 말로 하면** 민족은 언어와 역사를 공유한다**는 특징을 가집니다.** • **즉,** 민족은 언어와 역사를 공유하는 공동체**라고 할 수 있습니다.**

04 덧붙여 설명하기

위 표현을 사용하여 아래 내용을 설명해 봅시다.

1) **자세히 설명하기** 주5일제 실시는 산업 전반에 영향을 끼쳤고 그래서 산업 구조에도 변화를 가져 왔다고 할 수 있는데요, …

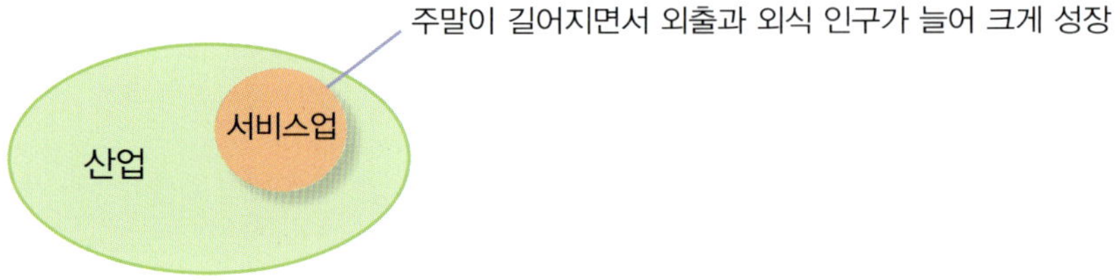

2) **비교 · 대조하기** 요즘 인터넷 공간을 통해 빠르게 퍼졌다가 사라지곤 하는 유행어는 사회적으로 순기능과 역기능을 모두 가지고 있습니다. 유행어는 …

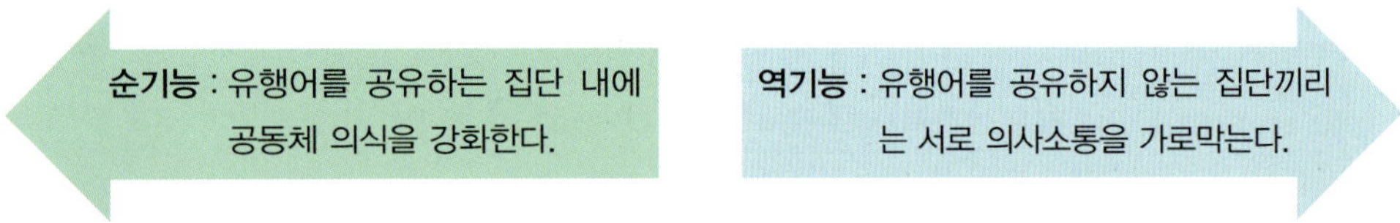

3) **예시하기** 법적으로 규제가 필요한 사이버 폭력은 테러형 범죄와 일반 범죄로 나눌 수 있습니다.…

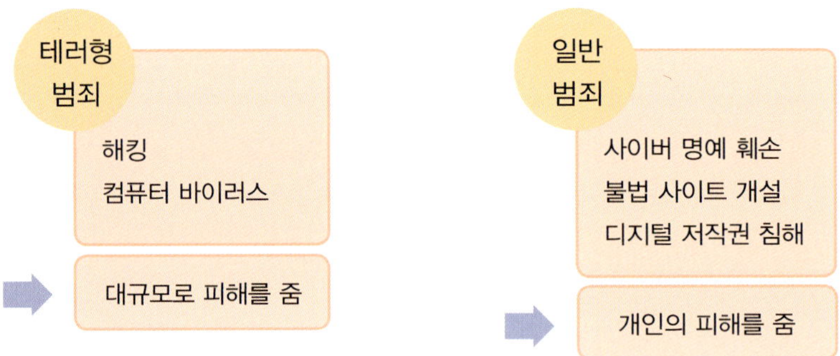

4) **요약하기** 이상에서 한국과 중국, 일본 세 나라의 음식 문화 가운데 세 나라의 수저, 특히 젓가락의 무게와 길이 등을 비교해 보았습니다.…

요약 • 각국의 주된 음식 재료와 요리 방법에 따라 먹기에 편한 식사 도구가 개발되어 왔다.

과제 1

1. 아래 제시된 발표 내용에 다음 자료 내용을 덧붙여 자세히 설명해 봅시다.

자세히 설명하기 ···············
- 입술을 동그랗게 하느냐 옆으로 벌리느냐에 따라 한국어의 모음은 소리가 달라진다.

대조하기 ···············
- 원순음(圓脣音) : 입술을 둥글게 해서 내는 소리
- 평순음(平脣音) : 입술을 펴서 내는 소리

예시하기 ···············
- 입술이 둥근 원순음(圓脣音) : [오, 우]
- 입술 모양이 평평한 평순음(平脣音) : [이, 에]

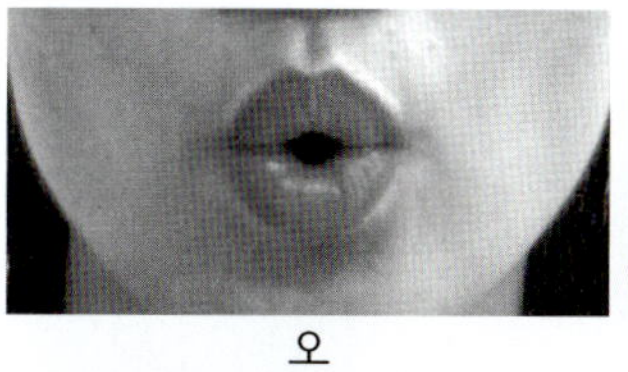
오

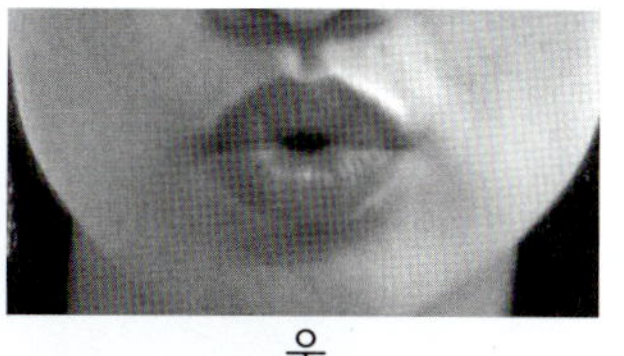
우

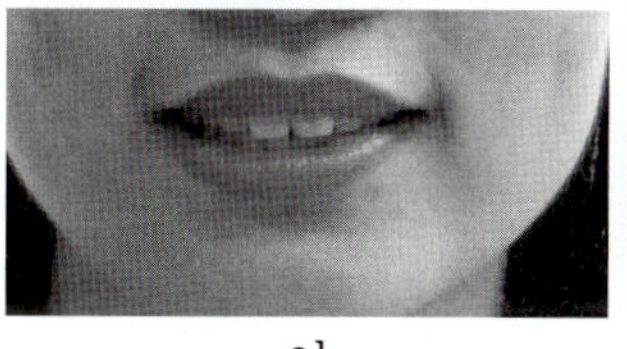
이

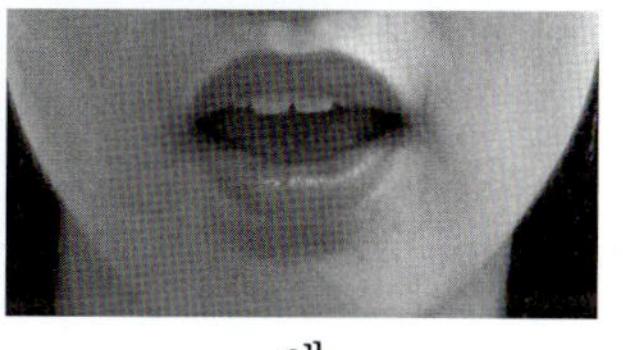
에

요약하기 ···············
- 이 사진에서처럼 입술 모양에 따라 한국어의 모음 소리는 달라진다.

"한국어의 모음은 입술 모양과 관계가 있습니다.…

04 덧붙여 설명하기

2. 아래 제시된 발표 내용에 다음 자료 내용을 덧붙여 설명해 봅시다.

[키덜트] 키드(kid)와 어덜트(adult)의 합성어. 20 · 30대의 어른이 되어서도 만화책이나 애니메이션을 즐기고 무선 자동차와 비행기에 관심이 있는 성인들

피터팬 증후군 : 책임감 없이 보호 받기만 바라는 성격 유형을 부정적으로 평가하는 개념

키덜트 : 각박한 현대에 순수한 아이의 마음을 간직하며 사는 어른의 모습을 긍정적으로 평가 하는 개념

2030 직장인 10명 중 3명은 '키덜트족!'

20대와 30대 직장인 1000명을 대상으로 설문 조사를 실시한 결과, 80%가 키덜드 문화에 대해 긍정적인 것으로 나타났다. 이들은 키덜트 문화가 스트레스 해소(57.5%)와 정서적 안정(46.1%)등 심리적인 면에서 치유효과가 높다고 밝히고 있다.

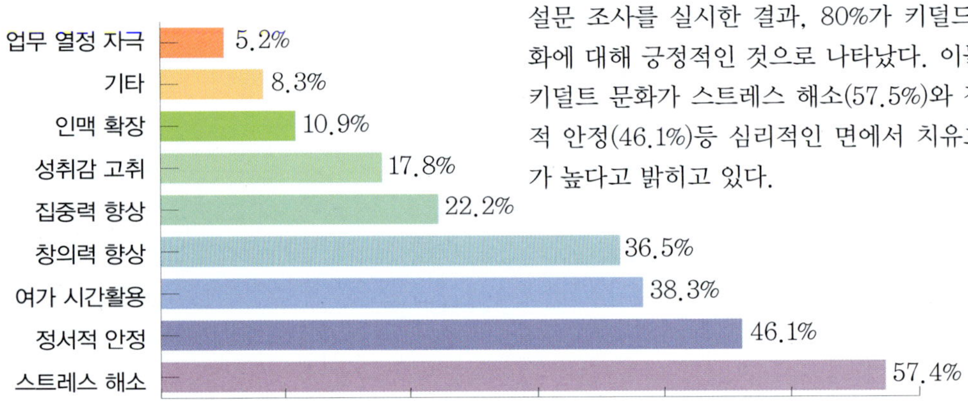

"요즘 우리 대중문화에서는 키덜트(Kidult) 문화가 확산되고 있습니다. …

다시 말해서 현대의 어른들은 어린 시절의 동심을 회상할 수 있는 취미 생활을 계속하면서 힘든 현실을 견디는 힘을 얻는 것입니다."

과제 2

자신이 발표할 주제와 내용을 간단히 정리하고, 그 내용을 자세히 설명하거나, 비교, 대조, 예시, 인용, 요약해 봅시다.

주제	
내용	

자세히 설명하기	
비교 · 대조	
예시 · 인용	
요약	

✔ 위 발표문을 구성할 때 다음과 같은 점을 검토한다.
- 설명할 대상을 정의하거나 구체적 수치를 써서 자세히 설명할 수 있나? ☐
- 대상에 따라 비교와 대조의 방법을 구분해서 쓸 수 있나? ☐
- 설명한 내용을 잘 요약할 수 있나? ☐

05 마무리하기

발표 마무리

발표 마무리 알리기

▼

발표 내용 요약하기

▼

결론 말하기

▼

마무리 하기

표현

- 지금까지 ~에 대해서 살펴보았습니다
- 결론적으로 말씀드리면 …
- 지금까지 말씀드린 것을 간단히 요약해 보면, …
- 그럼 이것으로 제 발표를 마치겠습니다.

- 발표를 마무리할 때 여러분은 어떤 말로 시작합니까?

- 발표의 마무리 부분에 들어가야 하는 내용은 무엇이라고 생각합니까?

지금까지 한국의 미에 나타나는 특징에 대해서 살펴보았습니다. 지금까지 말씀드린 것을 간단히 요약해 보면, 한국의 미는 소박성, 해학성, 역동성에서 그 특징을 발견할 수 있습니다. 앞에서 보셨다시피 이런 특징들은 한국 회화와 건축에서 두드러지게 나타났는데요, 특히 한국 회화 가운데 풍속화에서 해학성을 엿볼 수 있었고, 서원이나 절 등의 건축물을 통해 자연친화적이면서도 소박한 미를 발견할 수 있었습니다.

결론적으로 말씀드리자면 한국의 미는 자연미라고 할 수 있습니다. 인위적인 요소가 최대한 배제된 가운데 자연과의 조화를 살리려고 노력한 부분을 찾아 낼 때 한국 문화의 진정한 아름다움을 감상할 수 있다고 말씀드릴 수 있겠습니다. 이제 여러분도 한국의 미에 나타나는 이런 특징들을 아셨으니만큼 앞으로 새로운 관점에서 한국의 문화를 감상하실 수 있었으면 좋겠습니다.

그럼 이것으로 제 발표를 마치겠습니다. 지금까지 제 발표를 들어 주셔서 감사합니다.

1. 위의 발표문을 네 부분으로 나누어 봅시다.

도움말

- 요약은 지금까지 이야기한 것 중 가장 핵심이 되는 것을 중심으로, 가능한 한 간단하게 하는 것이 좋다.
- 마무리 단계에서 지금까지 다루지 않은 주장을 새로 해서는 안 된다.

05 마무리하기

2. 다음 구성과 표현을 살펴봅시다.

구성	표현
발표 마무리 알리기	• **지금까지** 한국의 미에 나타나는 특징**에 대해서 살펴 보았습니다.**
발표 내용 요약하기	• **지금까지 말씀드린 것을 간단히 요약해 보면,** 한국의 미는 소박성, 해학성, 역동성에서 그 특징을 발견할 수 있습니다.
결론 말하기	• **결론적으로 말씀드리자면** 한국의 미는 자연미라고 할 수 있습니다.
마무리하기	• **그럼 이것으로 제 발표를 마치겠습니다. 지금까지 제 발표를 들어 주셔서 감사합니다.**

표 현

발표 마무리 알리기	• **이상으로** 한국의 미에 대해 살펴보았습니다. • **지금까지** 한국의 미에 대해 알아보았습니다.
발표 요약하기	• **지금까지 말씀드린 것을 간단히 요약해 보면…** • **이상의 내용을 요약하자면, 첫째, … 둘째, …** • **이상에서 살펴본 바와 같이 …**
결론 말하기	• **결론적으로 말씀드리자면** 한국의 미는 자연미라는 것입니다. • **제 결론을 한마디로 말씀드리면** 한국의 미는 자연미라고 할 수 있겠습니다.
마무리하기	• **그럼 이것으로/이상으로 제 발표를 마치겠습니다.** • **제 발표는 여기까지입니다.** • **지금까지 제 발표를 들어 주셔서 감사합니다.**

위 표현을 사용하여 '지구 온난화의 원인과 대책'이라는 주제의 발표를 마무리해 봅시다.

요약	지구 온난화의 원인으로는 화석 연료 사용 증가, 산업 활동의 확대 등이 있으며 그 대책은 개인적, 국가적, 세계적 차원에서 마련할 수 있다.
결론	지구 온난화는 지구 전체의 미래가 달려 있는 문제이니만큼 개인과 국가적인 차원의 노력뿐만 아니라 국제 협약을 통한 세계적인 기준 마련이 필요하다

과제 1

1. 다음 자료를 보고 발표를 마무리해 봅시다.

- **주제**: 영어 조기 유학의 현황과 문제점

1) 요약

① 현황

과거에 상류층에만 국한되었던 조기 유학 열풍이 점점 사회 전반적인 현상으로 확산됨.

② 문제점

- 국가 차원의 경제적 비용 낭비가 있음.
- 가족들이 떨어져 살기 때문에 가족 간의 친밀감이 떨어짐.
- 아이의 자아 정체성 확립에 문제가 있음.

2) 결론

영어 조기 유학은 개인의 문제를 넘어 가정, 사회에도 막대한 영향을 미침.
그러므로 개인의 신중한 결정이 필요할 뿐만 아니라 교육계 전반에 걸친 근본적인 개혁이 필요

발표 마무리 알리기 → ______________________

발표 내용 요약하기 → ______________________

____

결론 말하기 → ______________________

마무리하기 → ______________________

05 마무리하기

2. 다음의 자료를 사용하여 실제 발표 상황에 맞게 발표를 마무리해 봅시다.

1)

청소년의 자살 원인과 대책

❖요약

청소년 자살 원인

• 심리적 요인 : 열등감, 우울증

• 환경적 요인 : 가정환경, 학교 환경

대책

• 정부 : 자살 예방 센터 설치

• 학교 : 전인교육 실시, 학교 상담실 운영

• 가정 : 부모와의 대화

❖결론

자살 예방을 위해서는 가정, 학교, 사회 차원의 협조가 필요

2)

한국 사회에서 여성의 지위 변화

❖요약

가정 내적으로 외적으로 여성의 지위가 향상되고 있음.

• 내적 변화 : 가부장권은 약화되고 어머니의 발언권은 강해짐.

• 외적 변화 : 법률적인 제도 변화 (예 : 호주제 폐지)

❖결론

• 여성의 지위가 향상됨에 따라 여성의 사회적 역할이 강조될 것임

• 가정에 대한 인식 변화를 가져 올 것임.

과제 2

자신이 발표할 주제에 따라 발표 마무리 알리기, 발표 요약 및 결론 말하기, 마무리하기로 이어지는 발표문을 구성해 봅시다.

주제	
발표 마무리 알리기	
발표 내용 요약하기	
결론 말하기	
마무리하기	

✔ 위 발표문을 구성할 때 다음과 같은 점을 검토한다.

- 지금까지 발표한 내용 중 가장 핵심이 되는 것을 중심으로 간단하게 요약했나? □
- 자신의 주장을 분명하고 간결하게 밝히며 발표를 잘 마무리했나? □

06 발표하기

교사 평가표

대영역	중영역	소영역	아주 부족 ①	다소 부족 ②	보통 ③	잘함 ④	아주 잘함 ⑤
내용면 (35점)	도입	발표 시작을 알렸나?					
		명확하게 주제를 제시했나?					
		개요를 잘 설명했나?					
	전개	내용 전개가 체계적인가?					
		부연 설명을 잘 했나?					
	마무리	내용을 잘 정리했나?					
		발표에 대한 논평이나 마무리 알림을 잘 했나?					
표현면 (25점)	언어적 표현	어휘가 적절했나?					
		문법이 정확했나?					
	음성 언어	목소리의 크기, 속도가 적절했나?					
		발음, 억양이 자연스러웠나?					
	신체언어	표정과 시선이 적절했나?					
진행면 (10점)	시간 배분을 잘 했나?		②	④	⑥	⑧	⑩
전달면 (10점)	청중의 반응이 어떠했나?		②	④	⑥	⑧	⑩
총평 (20점)	전체적으로 발표가 어떠했나?		②	④	⑥	⑧	⑩

표현

- 그럼 발표를 시작하겠습니다.
- 지금까지 제 발표를 들어 주셔서 감사합니다.
- 혹시 질문이나 의견이 있으시면 말씀해 주시기 바랍니다.

○ 발표를 마무리할 때 여러분은 어떤 말로 시작합니까?

○ 발표의 마무리 부분에 들어가야 하는 내용은 무엇이라고 생각합니까?

발표 개요서

발표 주제	방송 언어의 특성
도입 (3 분)	방송 언어는 무엇이고, 그 특성과 기능이 어떠한지, 바람직한 정보 전달을 위한 방송 언어의 특성은 무엇인지 알아보고자 한다.
전개 (10 분)	1. 방송 언어란 무엇인가? 2. 방송 언어의 특성 –사회적 특성 –매체적 특성 –문화적 특성 3. 방송 언어의 순기능과 역기능 4. 바람직한 방송 언어의 특성
마무리 (2 분)	방송 언어란 무엇인지 정의하고, 방송 언어의 특성과 기능을 살펴보았다. 방송 언어의 역기능을 최소화할 수 있는 방안을 마련하기 위해 방송인들의 올바른 국어 사용에 대한 인식이 필요하다.
준비 자료	방송 녹화 자료, 발표용 파워포인트 파일, 배부용 요약지

1. 위 발표 개요서로 발표를 할 때, 다음의 각 단계에 어떤 내용이 들어가야 하는지 정리해 봅시다.

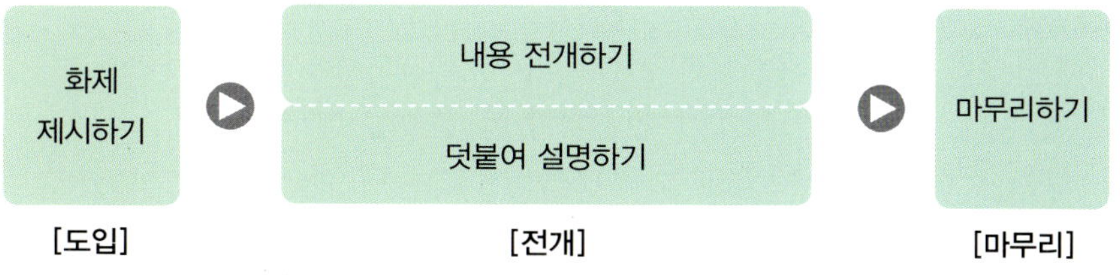

도움말

- 핵심 내용은 강조하여 말한다.
- 구체적인 예시를 들어 말하는 것이 좋다.
- 발표할 때는 발표지를 가능한 한 보지 않는다.
- 청중을 보고 발표하며, 청중이 이해하고 있는지 확인하면서 진행한다.

06 발표하기

발표

1. 준비된 발표를 하기 전에 자신의 발표 내용을 점검해 봅시다.

발표 주제	
도입 (　분)	
전개 (　분)	
마무리 (　분)	
준비자료	

2. 발표를 할 때 내용적인 면 이외에 주의해야 할 점들을 살펴봅시다.

❶ 언어적 표현 (문법, 어휘)
❷ 음성 언어 (발음, 억양, 목소리 크기)
❸ 신체 언어 (자세, 몸짓)
❹ 진행 구성 (시간, 준비 자료)
❺ 청중과의 관계 (눈맞춤, 질문)

질의 및 응답

1. 발표 후에 질의 및 응답을 할 때 사용하는 표현을 알아봅시다.

〈질의 및 응답 표현〉

질문 요청하기 (발표자)	**혹시 질문이나 의견이 있으면 말씀해 주시기 바랍니다.**
질문하기 (청중)	· **(발표 잘 들었습니다.) 죄송하지만** 방송 언어의 역기능 부분**에 대해서 다시 한 번 말씀해 주시겠습니까?** · **제가 이해가 가지 않아서 그러는데** 방송 언어의 특성을 세 가지로 나눈 이유**를 자세히 설명해 주시겠습니까?** · **죄송하지만** 방송 언어의 순기능 부분**에서 다른 예가 있으면 들어주시겠습니까?** · 저는 방송 언어가 특히 청소년에게 지대한 영향을 끼친**다고 보는데, 그것에 대해 어떻게 생각하시는지 의견을 듣고 싶습니다.**
응답하기 (발표자)	· **(좋은 질문 감사합니다.) 그 질문에 답변을 드리자면…** · **네, 다시 설명드리겠습니다. …** · 왜 방송 언어의 특성을 세 가지로 나누었냐**는 질문이신가요/말씀이신가요?**

2. 다른 사람의 발표 내용을 들으면서 질문할 내용을 정리한 후에 발표가 끝나면 질문을 해 봅시다.

발표자	발표 주제	질문할 내용	답변 내용

평 가

1. 각 발표에 대해 평가를 해 봅시다.

평가 내용		아주 부족	다소 부족	보통	잘함	아주 잘함
		❶	❷	❸	❹	❺
내용 (20점)	도입이 잘 이루어졌나?					
	내용 전개를 잘 했나?					
	마무리를 잘 했나?					
	알기 쉽게 설명했나?					
표현 (10점)	정확한 발음으로 내용을 잘 전달했나?					
	표정과 시선이 적절했나?					
진행 (5점)	시간을 잘 배분했나?					
전달 (5점)	청중의 반응은 어떠했나?					
전체적으로 발표가 어떠했나? (10점)		아주 부족	다소 부족	보통	잘함	아주 잘함
		❷	❹	❻	❽	❿
전체적인 평가						

2. 발표가 끝난 후에 자신의 발표에 대해 잘한 점과 개선해야 할 점을 생각해서 자기 평가를 해 봅시다. 또한 발표를 할 때 무엇이 제일 어려웠는지 이야기해 봅시다.

내용	
표현	
진행	
전달	

07 입론하기

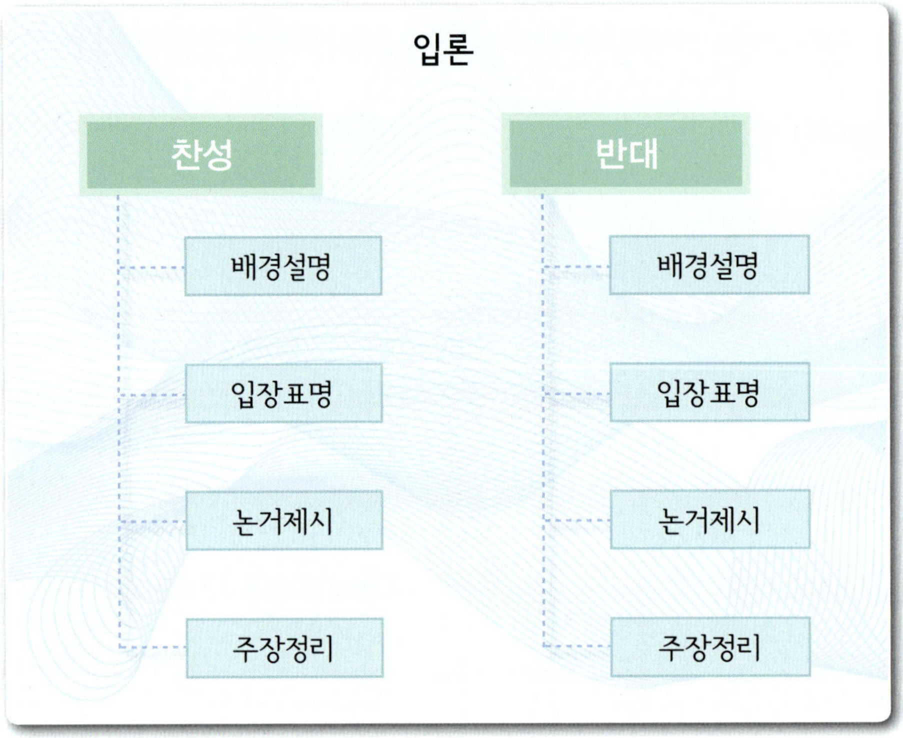

표현

- 최근 사회에서는 ~에 대한 논의가 활발합니다.
- 저희는 …다는 입장입니다.
- 그 첫 번째 이유로는 …, 둘째 …, 세 번째로 …다고 봅니다.
- 따라서 저희는 ~을 찬성/반대합니다.

- 설득력 있게 주장을 하려면 무엇이 필요합니까?

- 주장을 뒷받침하는 객관적인 자료에는 어떤 것이 있습니까?

여러분 주위에 하루에도 수십 번씩 고통으로 몸부림치며 하루하루를 지탱해가는 말기 암 환자가 있습니까? 회복될 가능성은 없고 오로지 고통만 있다면, 이것은 생명에 대한 희망이 연장된 것이 아니라 고문이 연장된 것과 같다고 생각합니다. 최근 우리 사회에서는 안락사에 대한 논의가 활발합니다. 여러분도 아시겠지만 안락사란 잠자는 것과 같은 편안한 죽음을 뜻합니다. 그런데 이런 안락사는 크게 두 가지로 나눌 수 있습니다. 즉 불치병 환자에 대해 약물이나 주사 같은 것을 사용해서 죽음에 이르게 하는 적극적 안락사와 그 환자에 대해 생명 연장 조치를 적극적으로 취하지 않고 포기하여 죽음에 이르게 하는 소극적 안락사로 나눌 수 있습니다.

저희는 이 소극적 안락사는 허용해야 한다는 입장입니다. 그 첫 번째 이유로는 불가피한 상황에서 개인의 선택권은 무엇보다도 우선시되어야 하기 때문입니다. 인간에게는 자신의 삶에 대해 스스로 선택할 수 있는 자기 결정권이 있습니다. 더욱이 소극적 안락사는 적극적 안락사처럼 인위적으로 목숨을 끊는 것이 아니라, 적극적인 의료행위를 거부함으로써 자연스럽게 죽음에 이르는 것이기 때문에 인도주의적 관점에서도 인간의 존엄성을 해치는 행위라 비난할 수 없습니다. 둘째, 환자의 고통을 경감시켜 주어야 한다는 것입니다. 희망이 없는 가운데 환자가 고통을 호소하고 있다면 생명을 유지하고 있다고 해서 그 삶이 결코 죽음보다 낫다고 할 수는 없습니다. 세 번째로 가족들의 심적, 경제적 부담도 무시할 수 없다고 봅니다. 환자 가족들의 스트레스 지수는 보시는 표에 나타나듯이 말기 암 환자의 스트레스 지수와 맞먹는 수치입니다. 아무 소용없는 치료를 계속함으로써 생기는 경제적 부담은 가족들이 느끼는 정신적 부담을 더욱 무겁게 할 것입니다. 그리고 무엇보다도 중요한 것은 인간은 고통 앞에서 자신의 죽음을 결정할 권리가 있다는 것입니다. 누구도 그 선택을 대신할 수는 없습니다.

따라서 저희는 이와 같이, 환자의 의사에 따라 그 환자와 가족을 고통에서 해방시켜 줄 수 있는 방법을 법적으로 허락해야 한다고 생각합니다. 특히 인도주의적 차원에서도 문제가 되지 않는 소극적 안락사를 저희는 적극 지지하고 찬성합니다.

1. 위 주장은 어떻게 전개되었습니까? 네 부분으로 나누어 봅시다.

도움말

- 입론을 시작할 때는 강력한 인상을 주는 이야기로 시작하는 것이 좋다.
- 배경 설명 부분에서 이 사안의 중요성을 알린다.
- 논제에서 다루는 중요한 용어나 개념을 정의하고 논제의 범위를 명확하게 한다.
- 입장을 분명하게 표명한다.
- 자신의 주장을 뒷받침할 수 있는 객관적인 논거들을 제시해야 한다.

07 입론하기

2. 다음 구성과 표현을 살펴봅시다.

배경 설명하기

- **여러분 주위에 하루에도 수십 번씩 고통으로 몸부림치며 하루하루를 지탱해가는 말기 암 환자가 있습니까? … 최근 사회에서는** 안락사**에 대한 논의가 활발합니다.** 안락사**란** 잠자는 것과 같은 편안한 죽음**을 뜻합니다.** …

▼

입장 표명하기

- **저희는** 이 소극적 안락사는 허용되어야 한**다는 입장입니다.**

▼

논거 제시하기

- **그 첫 번째 이유로는** 불가피한 상황의 개인 문제에 있어서 개인의 선택권은 우선시**되어야 하기 때문입니다.** … **둘째,** 환자의 고통을 경감시켜 주어야 한**다는 것입니다.** … **세 번째로** 가족들의 심적, 경제적 부담도 무시할 수 없**다고 봅니다.** … **무엇보다도 중요한 것은** 인간은 고통 앞에서 자신의 죽음을 결정할 권리가 있**다는 것입니다.**

▼

주장 정리하기

- **따라서** 저희는 이와 같이, 환자의 의사에 따라 그 환자와 가족을 고통에서 해방시켜 줄 수 있는 방법을 법적으로 허락해야 한**다고 생각합니다.** 특히 인도주의적 차원에서도 문제가 되지 않는 소극적 안락사**를** 적극 **지지하고 찬성합니다.**

표 현

배경 설명하기	〈토론의 필요성, 사회적 배경〉 • **최근 사회에서는** 안락사**에 대한 논의가 활발합니다. 요즘 사회에서는** 안락사**가 이슈/문제가 되고 있습니다.** 〈용어 설명〉 • **먼저** 안락사의 **개념을 설명드리자면** 안락사**란** 잠자는 것과 같은 편안한 죽음**이라는 뜻입니다/말입니다.**
입장 표명하기	• **저는/저희는** 소극적 안락사는 허용되어야 한**다는 입장입니다.** • 소극적 안락사는 허용되어야 한**다고 생각합니다.** • 소극적 안락사는 허용되어야 한**다는 것이 제 주장입니다.** • **저는/저희는** 소극적 안락사는 허용되어야 한**다고 봅니다.** • **저는/저희는** 소극적 안락사 허용**에 대해 찬성/반대합니다.**
논거 및 사례 제시하기	• **첫 번째로** 개인의 선택권은 우선시되어야 하며, **둘째** 환자의 극심한 고통을 경감시켜주어야 하고, **세 번째로** 가족들의 심적, 경제적 부담도 무시할 수 없**다는 것입니다/다고 봅니다.** • **그 근거로는 다음을 들 수 있습니다.** • **다음과 같은 점들을 볼 때 저는/저희는** 소극적 안락사**에 찬성/반대하지 않을 수 없습니다.** • 가족들의 스트레스 지수 표의 **경우에서도 볼 수 있듯이** • 가족들의 스트레스 지수가 환자의 지수와 맞먹는**다는 것은** 가족들의 극심한 심적 부담을 나타내는 예**라고 할 수 있습니다.** • **무엇보다도 중요한 것은** 인간은 고통 앞에서 자신의 죽음을 결정할 권리가 있**다는 것입니다.**
주장 정리하기	• **따라서 저는/저희는** 소극적 안락사**를 찬성/반대합니다.** • **이와 같이** 환자의 결정권과 고통, 가족들의 부담 등을 고려할 때 소극적 안락사는 반드시 허용되**어야 합니다.** • **결론적으로** 환자의 결정권과 고통, 가족들의 부담 등을 고려할 때 소극적 안락사는 반드시 허용되**어야 합니다.**

07 입론하기

앞의 표현을 사용하여 다음의 논제로 입론을 구성해 봅시다.

논제 : 기여 입학제를 허용해야 한다.

배경	• 최근 사립대학들이 재정난에 허덕이면서 등록금을 인상하여 학생들과의 갈등이 깊어가고 있다. • 기여 입학제 : 대학 발전에 공로가 있거나 기부금 등 물질적으로 기여를 하는 사람의 자녀에게 입학 시 혜택을 주는 제도 • 외국의 경우 여러 우수한 대학들이 기여 입학제를 허용하고 있다.(예 : 미국 아이비리그 대학)
입장	• 기여 입학제를 허용해야 한다.
논거	• 기여 입학제는 대학들의 재정난을 해소하고 교육 시설에 투자를 할 수 있어서 전반적으로 교육 환경의 질을 높인다. • 장학금 혜택 등으로 저소득층 학생들이 대학에 다닐 수 있는 기회를 보다 많이 제공한다는 점에서 결과적으로 신분 이동의 기회를 준다.
정리	

과제 1

1. 다음의 내용을 참고하여 자신의 입장에 맞는 논거를 선택하고 입론을 구성해서 발표해 봅시다.

○ 논제 : 교사의 학생 체벌은 필요하다.

| 체벌의 정의 |

물리적 도구를 이용하여 상대에게 신체적 고통을 주는 행위

| 논거 |

- 체벌은 학생의 잘못된 행동을 교정하는 교육적 효과를 지닌다.
- 체벌은 폭력을 정당화시킨다.
- 체벌은 인권에 반하는 행동이다.
- 체벌은 학생들에게 위법이나 불법 행동에 대한 경각심을 가르칠 수 있는 하나의 수단이 된다.
- 체벌을 할 때 교사도 인간이기에 주관적인 감정이 개입되게 된다.
- 체벌은 한 학급당 인원이 많은 현재의 교육 상황에서 통제를 하기 위해서는 필요한 수단이다.

입론 구성표

논제	교사의 학생 체벌은 필요하다.
배경	
입장	
논거	
정리	
자료	

도움말

- 입론을 정리할 때 먼저 입론 구성표를 작성하는 것이 좋다.
- 구성표의 자료 칸에는 입론의 논거를 뒷받침할 근거 자료의 출처를 자세하게 기입한다.

2. 다음의 논제에 대해 입장을 선택하고 찬성 팀과 반대 팀으로 나눈 후 각 팀의 입론을 구성해 발표해 봅시다.

- 논제 : 사형제도는 필요하다.

[자료]
사형 집행 건수가 세계 1위인 싱가포르의 범죄 발생 보고서에 의하면 2008년 한 해 동안 살인 사건 발생은 단지 26건이며 그것도 10건 이상이 외국인이 관련된 범죄임이 나타났다.

[–대한민국 헌법 10조–]
모든 국민은 인간으로서의 존엄과 가치를 가지며, 행복을 추구할 권리를 가진다. 국가는 개인이 가지는 기본적 인권을 확인하고 이를 보장할 의무를 진다.

|세계 사형제도 존폐 현황|

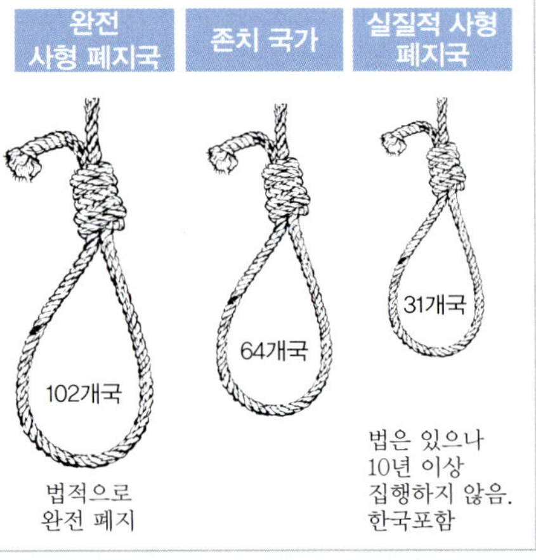

1973년 이후 미국의 사형수들 중 무려 107명 가량이 후에 무죄로 판명되어 석방되었다. 검찰이나 경찰의 잘못, 신빙성 없는 증인의 진술이나 물리적 증거 혹은 자백의 채택, 부적절한 변호 등이 주요 요인으로 이는 재판 역시 인간이 하는 것이기에 얼마든지 오판의 가능성이 있다는 것을 보여 준다. 또한 영국의 경우 1960년대에 아내를 잃은 남편이 아내를 죽인 것으로 의심 받고 결국 사형을 당했는데 그 후 진범이 잡히고 이 사건이 있은 직후로 영국은 사형제도가 폐지되었다.

사형 선고를 받은 58명의 사형 집행 대기자들은 대부분 흉악범이다. 그 중 살인이나 강도 살인범이 90% 이상을 차지하고, 나머지는 존속 살인, 유괴 살인, 강간 살인, 방화 치사 등을 저지른 범인들이다. 이 사람들은 현재 사형 판결이 확정되었는데도 길게는 10년 이상이나 사형이 집행되지 않고 있으며 이들에게 소요되는 국가 예산 비용도 상당하다.

최근 아동성폭력, 부녀자 살인 등 흉악 범죄가 기승을 부리면서 사형제도를 되살려야 한다는 여론이 높아지고 있다. 여론조사기관 리얼미터 조사에 따르면 전국 19세 이상 500명을 대상으로 한 조사 결과에 따르면 57%가 '사형제가 존속돼야 한다'고 답했으며 '폐지돼야 한다'고 답한 이들은 21.1%에 불과했다.

국민 사형제도에 관한 법감정
사형제도 존폐 의견조사

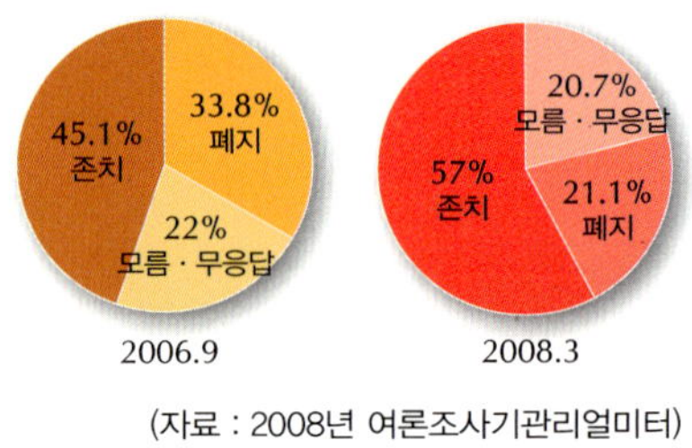

(자료 : 2008년 여론조사기관리얼미터)

입론 구성표

논제	**사형제도는 필요하다.**
배경	
입장	
논거	• • •
정리	
자료	

07 입론하기

과제 2

다 같이 토론할 주제를 정하고 두 팀으로 나누어 그 논제에 대한 입론을 구성해 봅시다.

입론 구성표

논제	
배경	
입장	
논거	• • •
정리	
자료	

✔ 위 발표문을 구성할 때 다음과 같은 점을 검토한다.

- 자신의 입장에 유리한 도입을 했나? ☐
- 도입에서 중요 용어를 정의했나? ☐
- 입장을 명시했나? ☐
- 주장에 대한 근거가 논리적인가? ☐
- 근거에 대한 객관적인 통계 자료나 사례를 활용했나? ☐
- 간결하고 분명하게 주장을 정리했나? ☐

08 확인 질문하기

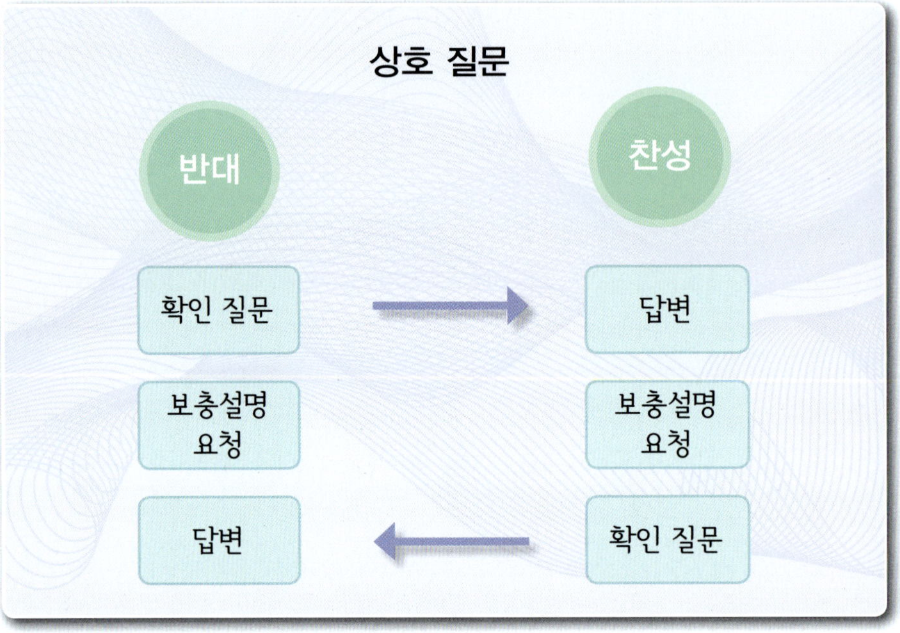

표현

- 그 사례는 언제 어디에서 발표된 자료를 근거로 말씀하시는 건가요?
- '~'이라는 개념을 사용하셨는데요. '~'이 뭐라고 생각하시는지 듣고 싶습니다.
- 그 질문에 대해서는 이렇게 설명 드릴 수 있겠습니다.

- 토론 과정 중에 질문을 할 때는 상대측이 입론한 내용에서 무엇을 확인해야 합니까?

- 보충 설명을 요청할 때는 어떤 태도로 말해야 합니까?

반대 측 질문 : 말씀하신 소극적 안락사라는 개념은 존엄사와 같은 의미로 쓰신 겁니까?

찬성 측 답변 : 맞습니다. 소극적 안락사는 개인의 선택을 존중하고 인위적인 생명 연장 장치를 제거함으로써 인간으로서의 품위를 지키면서 죽을 수 있게 배려해 준다는 점에서 존엄사라고도 부릅니다.

반대 측 질문 : 찬성 측에서는 소극적인 안락사가 적극적인 자살 행위가 아니라는 점에서 인도적으로 문제가 없다고 하셨습니다. '인도주의'라는 개념을 사용하셨는데, 자율적인 의사 결정을 하기 어려운, 죽음을 앞둔 환자에게 적용할 수 있는 '인도주의'란 과연 무엇인지 좀 설명해 주시겠습니까?

찬성 측 답변 : 그 질문에 대해서는 이렇게 설명 드릴 수 있겠습니다. 저희가 생각하는 '인도주의'란 자연의 섭리를 거스르지 않으면서 품위 있는 죽음을 선택할 수 있는 인간의 기본적 권리를 존중하는 걸 말합니다.

반대 측 질문 : 극한 상황에서 생명에 대한 의사결정권을 행사하도록 하는 것이 생명에 대한 포기를 강요하는 비인도적인 법안이라고 생각해 보신 적은 없습니까?

찬성 측 답변 : 없습니다. 고통을 견딜 것인지 끝낼 것인지에 대한 본인의 최종 선택은 어떤 상황에서도 존중되어야 한다고 생각합니다.

1. 위 세 개의 질문은 각각 무엇을 묻고 있습니까?

도움말

- 입론의 논거 내용을 요약해 질문함으로써 서로 논점을 제대로 이해하고 있는지 확인한다.
- 상대방이 입론한 내용을 확인하는 질문만 하고, 반대하는 주장 내용은 다음에 이어지는 반론단계에서 해야 한다.
- 상대방이 제시한 자료에서는 출처와 연도 등을 확인해야 한다.
- 입론한 내용에서 주장의 강약 정도, 주요 개념어의 범위를 확인한다.

08 확인 질문하기

2. 다음 표현을 살펴봅시다.

확인하기	• **말씀하신** 소극적 안락사**라는 개념은** 존엄사**와 같은 의미로 쓰신 겁니까?**
보충 설명 요청하기	• … 인도적으로 문제가 없**다고 하셨습니다.** '인도주의'**라는 개념을 사용하셨는데,** 자율적인 의사 결정을 하기 어려운, 죽음을 앞둔 환자에게 '인도주의'**란 과연 무엇인지 좀 설명해 주시겠습니까?**
답변하기	• **맞습니다.** … **그 질문에 대해서는 이렇게 설명 드릴 수 있겠습니다.** 저희가 생각하는 '인도주의'란 자연의 섭리를 거스르지 않으면서 품위 있는 죽음을 선택할 수 있는 인간의 기본적 권리를 존중하는 **걸 말합니다.** … **없습니다.** …

표 현

확인하기	• 방금 말씀하신 소극적 안락사라는 개념을 존엄사와 같은 뜻으로 생각해도 되겠습니까? • 적극적 안락사에만 반대(찬성)를 하시는 겁니까? 아니면 모든 안락사에 반대(찬성)하신다는 건가요? • 분명 소극적 안락사는 적극적인 자살 행위가 아니므로 인도적으로 문제가 없다고 하셨습니다. 맞습니까? • 지금 말씀에 의하면 그렇다면, 어떠한 상황에서도 인간이 합리적인 의사 결정을 내릴 수 있다는 말씀이십니까?
보충 설명 요청하기	• '인도주의'라는 개념을 사용하셨는데요, '인도주의'가 뭐라고 생각하시는지 듣고 싶습니다. • 안락사의 범위를 어디까지 허용할 수 있다고 보십니까? • 그 사례(통계)는 언제 어디에서 발표된 자료를 근거로 말씀하시는 건가요? • 그 자료의 출처는 어디입니까? • 어떤 자료를 근거로 그렇게 말씀하시는 겁니까? • 환자 본인이 고통스러워하면 죽도록 도와줘도 된다고 생각하십니까? • 방금 말씀하신 '품위 있는 죽음'에 대해서 좀 더 자세히 알고 싶은데요. • 안락사를 허용한 국가에 대해서/예를 들어서 다시 한 번 설명해 주시겠습니까?
답변하기	• 그 질문에 대해서는 이렇게 설명 드릴 수 있겠습니다./있으리라 봅니다. • 저희가 생각하는 '인도주의'란 인간의 기본적 권리를 존중하는 것을 말합니다. • 자살은 논지에서 벗어난 것이므로 답변드리지 않겠습니다. • 조금 전에도 말씀드렸다시피/아시다시피 저희가 말하는 안락사는 존엄사와 같은 개념입니다. • 그 자료는 2011년 통계청 조사에 의한/따른 것입니다. • 저는 그런 의미로 말씀드린 게 아니라 인간의 기본적 권리를 존중해야 한다는 것을 말하고자 하는 겁니다.

위 표현을 사용하여 다음 논의에 대한 질문과 답변을 해 봅시다.

08 확인 질문하기

1) **입론** "아직 기부 문화가 활성화되지 않은 한국의 상황에서 기여입학제에 대한 논의는 시기상 조입니다. 최근 네티즌 2,187명을 대상으로 설문 조사를 실시한 결과, 70.3%가 '부에 이어 학벌까지 세습하는 기여입학제에 반대한다'고 응답했습니다."

확인하기	• 기여 입학제를 논의할 적당한 시기는 언제인가? • 자료의 출처는?
답변하기	• 선진국의 사례를 보면 국민 소득이 3만 달러가 넘는 선진 사회가 되면 기부 문화가 활성화된다. 그러면 기여입학제에 대한 반감도 줄어든다. • 2011년 6월 서울경제신문 조사

2) **입론** "재정적으로 취약한 대학들은 '기여입학제'를 통해 대학의 경쟁력을 높일 수 있습니다."

보충 설명 요청하기	• 대학의 경쟁력을 뒷받침해 주는 요인이 무엇인가?
답변하기	• 대학의 경쟁력을 뒷받침해 주는 요인은 튼튼한 재정과 우수한 인재 확보이다. 재정이 충분하면 장학 제도를 확대해 우수 학생을 많이 유치해서 연구 역량을 강화할 수 있다.

과제 1

1. <교사의 체벌>에 대한 자신의 입장을 정하고 상대편의 논거를 확인하는 질문을 해 봅시다. 질문을 받은 쪽에서는 자신의 논거를 방어하는 답변을 해 봅시다.

찬성	반대
① 체벌은 학생의 잘못된 행동을 교정하는 교육적 효과를 지닌다. 물론 가장 중요한 것은 체벌을 최소화하려는 교사의 노력이겠지만, 반성문이나 청소 등의 벌칙을 전혀 두려워하지 않는 문제 학생이 있다면, 이 학생에 대한 ② 지도를 포기하기보다 ③ 물리적인 체벌을 가하는 것이 교사의 소임이다.	❶ 체벌은 폭력을 정당화하는 부작용이 있다. 그동안 학교에서 선배가 후배에게, 또는 친구끼리 폭력을 일삼았던 것은 학생들이 ❷ 교사로부터 체벌을 학습한 결과라고 할 수 있다. ❸ 체벌로 인한 육체적 상처도 문제지만 마음의 상처는 평생 치료되지 않을 수도 있다. 체벌의 후유증은 생각보다 오래 간다.

❶ 모든 체벌이 '폭력'을 정당화하는가?
❷ 체벌이 학교 폭력의 직접적 원인이라는 근거가 있는가?
❸ 체벌로 인한 마음의 상처에는 어떤 것이 있는가?

① 체벌에 장기적인 교육적 효과가 있는가?
② 체벌을 하지 않는 것과 지도를 포기하는 것이 같은가?
③ 물리적 체벌은 어느 정도까지 허용할 수 있다고 보는가?

2. <사형제도>에 대한 자신의 입장을 정하고 상대편의 논거를 확인하는 질문을 해 봅시다. 질문을 받은 쪽에서는 자신의 논거를 방어하는 답변을 해 봅시다.

찬성	반대
사형 제도는 있어야 한다. 사형 선고를 받는 사람은 강간 살인 등의 중범죄를 저지른 흉악범이고 이들의 재범 비율은 상당히 높다. 사형수 한 사람의 인권을 지키기 위해 선량한 시민 다수가 위험에 노출되어야 하는가? 최근 한국에 흉악 범죄가 기승을 부리는 것은 지난 10년 간 사형이 집행되지 않아서 범법자들이 법을 무서워하지 않게 되었기 때문이다.	사형 제도는 폐지해야 한다. 사형 제도는 또 다른 이름의 살인일 뿐, 현실적으로 범죄 예방 효과는 별로 없다. 현재 사형 제도를 시행하고 있는 미국이나 중국의 강력 범죄 발생 비율은, 사형을 금지하고 있는 유럽 국가들과 비교했을 때 큰 차이가 없다. 심리학자들도 살인과 같은 범죄는 충동적으로 발생하기 때문에 사형 제도가 범죄 억제에 별 효과가 없다고 한다."

입장	찬성 ☐ 반대 ☐
확인하기	
보충 설명 요청하기	
답변하기	

과제 2

7과 〈과제2〉에서 발표한 입론 내용에 대해 확인 질문과 답변을 해 봅시다.

확인하기	
보충 설명 요청하기	
답변하기	

✔ 위 발표문을 구성할 때 다음과 같은 점을 검토한다.

- 상대방의 주장을 잘 경청하고 상대방이 입론한 내용에 대해서만 질문을 했나? ☐
- 주요 개념어에 대한 설명을 요청하고 질문에 알맞게 답변했나? ☐
- 사례와 자료의 근거나 출처를 묻고 잘 답변했나? ☐

09 반론하기

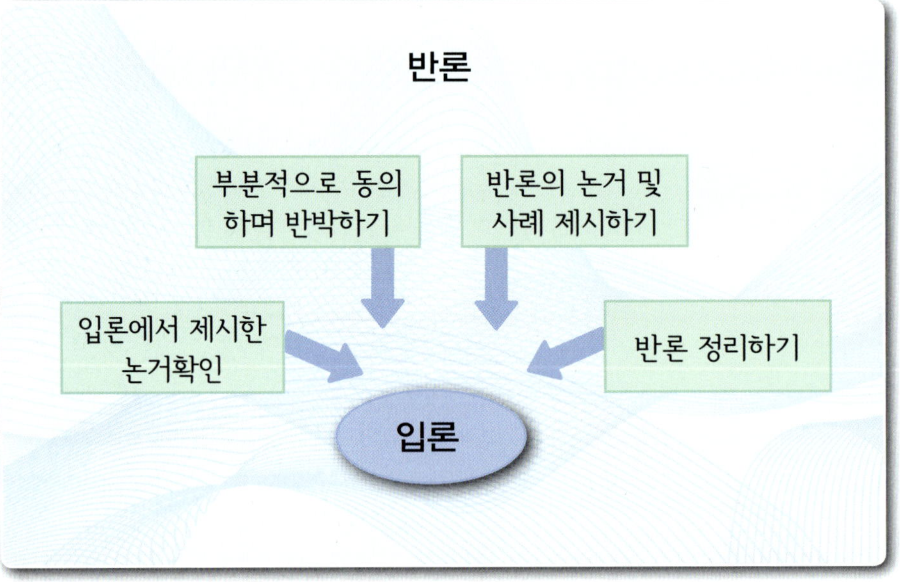

표현

- ~씨는 …다고 생각하시는 것 같은데/생각하시는 모양인데…
- ~씨의 말씀에도 일리가 있습니다만, 저는 ~씨의 …다는 입장에 반대합니다.
- …다는 점에서 저는 …다고 생각합니다.
- 이러한 의미에서 ~을 분명히 말씀드리는 바입니다.

- 다른 사람의 의견에 반대할 때는 어떤 말로 시작합니까?

- 다른 사람의 주장을 논리적으로 반박할 때 주의할 점은 무엇입니까?

안락사 허용에 찬성하는 측에서는 개인의 선택권이 우선시되어야 한다는 점과 환자와 가족의 고통을 덜어 준다는 점에서 안락사에 찬성한다고 했습니다. 환자와 가족이 겪는 고통은 저희도 인정합니다만 환자 자신이 고통스럽고, 가족에게 큰 부담이 된다고 해서 생명을 종식시키는 일이 허용된다면 안락사가 악용되어 수많은 생명이 희생될 가능성이 많아질 것이 분명합니다. 또 찬성 측에서는 소극적 안락사의 경우 허용해야 한다고 하셨는데 소극적 안락사 역시 죽음을 방조한다는 면에서 적극적 안락사와 근본적 차이가 없으며 그런 의미에서 윤리적 비난을 피할 수 없다고 생각합니다.

무엇보다도 찬성측이 말씀하신 생명보다 개인의 선택권을 우선시해야 한다는 의견은 납득하기 어렵습니다. 왜냐하면 인간의 생명은 그 어느 누구도 침범할 수 없는 절대적 가치이기 때문입니다. 아무리 불치병에 걸려 죽어간다고 할지라도 인간은 그 자체로 존엄한 존재인 것이고 우리는 그 인간의 존엄을 지켜 주어야 한다고 생각합니다.

여러분도 아시다시피 모두가 살아날 희망이 없다고 판단했던 환자가 10년 만에 극적으로 살아난 예도 있습니다. 이것은 인간이 실수를 할 수 있고 한계가 있는 존재이기에 한 사람의 생명을 결정할 수 있는 권리를 그 누구도 가질 수 없다는 것을 보여 줍니다.

이러한 의미에서 저희는 어떠한 경우에도 안락사가 허용되어서는 안 된다는 것을 분명히 말씀드리는 바입니다.

1. 위 반론을 네 부분으로 나누어 봅시다.

도움말

- 상대팀이 제시한 여러 가지 논점들 중 가장 효과적으로 반박할 수 있는 논점을 택하여 집중적으로 반박해야 한다.
- 상대팀의 논점이 지닌 문제점에 비판을 가하면서 동시에 자신들의 논점이 타당함을 입증해야 한다.

09 반론하기

2. 다음 구성과 표현을 살펴봅시다.

입론에서 제시한 논거 확인하기

- 안락사 허용 **찬성측**은 개인의 선택권이 … 환자와 가족의 고통을 덜어 준**다는 점에서** 안락사**에 찬성한다고 했습니다.**

▼

부분적으로 동의하며 반박하기

- 환자와 가족이 겪는 고통**은 저희도 인정합니다만** … **찬성측이 말씀하신** 생명보다 개인의 선택권을 우선시해야 한**다는 의견은 납득하기 어렵습니다.**

▼

반론의 논거 및 사례 제시하기

- **왜냐하면** 인간의 생명은 그 어떤 경우에도 침범할 수 없는 절대적 가치**이기 때문입니다.**

- … 10년 만에 극적으로 살아난 **예도 있습니다.**
이것은 인간이 실수를 할 수 있고 …가질 수 없**다는 것을 보여 줍니다.**

▼

반론 정리하기

- **이러한 의미에서 저희는** 어떠한 경우에도 안락사가 허용되어서는 안 **된다는 것을 분명히 말씀드리는 바입니다.**

표 현

입론에서 제시한 논거 확인하기	· **찬성측/반대측에서는** 개인의 선택권이 우선시 되어야 한**다는 점에서** 안락사**에 찬성/반대 한다고 했습니다.** · **찬성측/반대측에서는** 안락사가 환자와 가족의 고통을 덜어 준**다고 생각하시는 것 같은데/ 생각하시는 모양인데**…
부분적으로 동의하며 반론하기	**〈부분적으로 동의하기〉** · **~씨의 말씀에도 일리가 있습니다만,** 가족의 고통을 덜어 주기 위해 안락사가 허용된다면 안락사가 악용되어 더 큰 문제가 생길 수 있습니다. · 개인의 선택권 문제도 **좋은 지적이라고 생각합니다만** … · **그 점은 저도 인정합니다만,** 안락사가 악용될 경우 더 큰 문제가 발생할 수 있습니다. **〈반론하기〉** · **저는 좀 다른 생각인데요,** … · **지금 말씀하신 ~씨 의견은 좀 납득하기 어렵습니다.** · **~ 측의 논거는 다음과 같은 이유에서 타당성이 없다고 봅니다.** · **저는 ~씨의** 생명보다 개인의 선택권을 우선시해야 한**다는 입장에 반대합니다.** · **저는 그 의견에 대해서는 생각이 좀 다릅니다.** · **저는 그 의견에 조금도 동의할 수 없습니다.** · **그러나/그렇지만/그래도/그렇다고 해도/그럴 지라도**
반론의 논거 및 사례 제시하기	· 인간의 생명은 그 어떤 경우에도 침범할 수 없는 절대적 가치**라는 점에서** 저는 안락사가 허**용되어서는 안 된다고 생각합니다.** · **제가 반대하는 이유는/그렇게 생각하는 이유는** 인간의 생명은 그 어떤 경우에도 침범할 수 없는 절대적 가치**이기 때문입니다.** · 10년 만에 살아난 환자의 **예는** 인간 판단의 한계**를 보여 줍니다.** · 10년 만에 살아난 환자**의 예에서도 나타나듯이** … · 10년 만에 환자가 살아난 **예도 있습니다.**
반론 정리하기	· **이러한 의미에서** 어떤 경우에도 안락사가 허용되어서는 안 된**다는 것을 분명히 말씀드리는 바입니다.** · **이와 같이** 어떤 경우에도 안락사가 허용되**어서는 안 됩니다.**

09 반론하기

위 표현을 사용하여 다음 입론에 대한 반론을 구성해 봅시다.

논제 : 기여 입학제를 허용해야 한다.

	입론 요지	반론 요지
입장	허용해야 한다.	허용해서는 안 된다.
논거	1. 기여 입학제를 실시하면 대학들 재정난을 해소하고 교육 시설 투자를 할 수 있어서 결과적으로 교육 환경의 질을 높인다. 2. 장학금의 혜택으로 저소득층 학생들에게 더 많은 기회를 제공할 수 있다는 점에서 신분 이동의 기회를 준다.	1. 기여 입학을 원하는 사람들은 대부분 일류대를 선호하는 경우가 많다. 그럴 경우 몇몇 일류 대학은 돈이 많이 들어와 재정난도 해소되고 교육 환경의 질도 높아지겠지만 다른 학교는 상대적으로 재정이 더 나빠지게 되어 대학의 서열화가 더 심해질 것이다. 2. 기여 입학제로 입학 가능한 사회적 신분은 경제적으로 여유를 누리는 상류 계층이 대다수이다. 이들이 공부와 상관 없이 좋은 대학에 가게 된다면 결국 부의 세습이 제도화되는 결과를 낳게 된다.
주장	교육 환경의 질을 높이고 교육의 기회를 확대시킨다.	대학의 서열화와 부의 세습화를 제도화한다.

과제 1

1. 다음에 제시된 찬성 팀 입론의 논거에 반박하는 논거를 아래에서 찾아 반론해 봅시다.

논제 : 교사의 학생 체벌은 필요하다.

…… 저희는 학생들에게 교육적인 체벌이 필요하다고 생각합니다. 저희가 학생 체벌에 찬성하는 첫 번째 이유는 학생 체벌이 학생의 잘못된 행동을 바로 잡아줄 수 있는 최후의 방법이 될 수 있기 때문입니다. 문제가 있는 학생을 퇴학 등의 다른 수단을 사용해 사회에 내보내면 사회 부적응자가 되어 결국 사회에 악영향을 미칠 것입니다. 둘째 학생 혹은 학부모가 학생체벌에 반대하는 가장 큰 이유는 폭력교사에 의한 체벌일 텐데요, 이 문제는 체벌의 필요성과 불필요성 문제를 떠나 체벌을 사용하는 교사에 대한 문제입니다. 폭력 교사의 폭력을 막기 위해 체벌을 금지할 것이 아니라 폭력교사를 엄하게 처벌하고 폭력 교사의 수를 줄이는데 힘을 써야한다고 생각합니다 ……

❶ 체벌은 가장 손쉬운 통제 수단일 뿐이지 가장 효과적인 통제 수단이 아니다. 교실에서 일어나는 체벌의 가장 큰 이유가 대부분 학업과 관련된 것인데 그 정도 문제는 훈계로도 충분하다. 교사가 통제하지 못한다는 것은 능력부족을 시인하는 것일 뿐이다.

❷ 체벌은 일시적인 효과는 있을지 모르나 지속적으로 행동을 교정하거나 변화시키는 데는 큰 효과를 나타내지 못한다. 체벌의 계속적 사용은 학생과 교사 모두 폭력에 익숙해지고 무감각해지게 만들어 체벌의 강도만 심화시킬 뿐이다.

논제	교사의 학생 체벌은 필요하다.
입론에서 제시한 논거와 사례 확인	
부분적으로 동의하며 반박하기	
논거 및 사례 제시하며 반박하기	
반론 정리	

09 반론하기

2. 다음은 '사형제는 필요하다'는 주장에 대한 찬성측 입론의 일부분입니다. 반박할 부분을 찾아 반론을 해 봅시다. 아래의 자료를 참고하여 반박의 근거를 찾아보십시오.

논제 : 사형 제도는 필요하다.

찬성측 입론을 시작하겠습니다. …… 저희는 사회 정의를 실현하기 위해서 사형 제도가 필요하다고 생각합니다. 2009년 통계청 자료에 의하면 사형 선고를 받고 대기 중인 사형수 58명의 죄목은 보복 살인 26건, 강도 살인 22건, 강간 살인 3건, 유괴 살인 3건, 방화 살인 2건, 존속 살해 2건으로 흉악범이 대부분을 차지하고 있습니다. 이들은 이미 타인의 생명과 존엄성을 짓밟음으로써 더불어 사는 사회 안에서 자신의 권리를 포기한 것이므로 그들의 생명을 존중해 줄 필요는 없습니다. 이런 사람들을 법으로 보호한다면 법의 형평성에 문제가 있다고 봅니다. 범죄의 정도에 따라 적절한 벌을 주어야 마땅하며 다른 사람의 생명을 빼앗은 사람은 당연히 그 사람의 생명도 빼앗아야 한다고 생각합니다.

사형 폐지 운동에 나선 전직 교도관 고중렬 씨의 고백

19년 동안 사형을 집행하며 200명의 사형수들이 죽는 것을 목격한 고중렬 씨는 교도관을 그만둔 지 30년이 되었지만 죽는 날까지 사형제 폐지를 위해 싸우겠다고 고백했다. 그가 사형제를 이토록 반대하는 이유는 무엇일까? 그는 "국가가 범죄자에게 참회와 속죄의 기회도 주지 않고 죽음에 이르게 하는 것은 또 다른 '살인'일 뿐입니다."라고 한다. 고 씨가 사형제 폐지를 주장하는 데는 재판부의 오심이 많다는 이유도 있다. 그는 사형수의 대다수가 가난하고 배우지 못한 사람들로 제대로 변호해 주었다면 죽음에까지 이르지는 않았을 서민들이었다고 말했다.

– 신동아 2005년 2월호 인터뷰 기사 중에서

사형제, 범죄 예방 효과 있나?

사형제도와 범죄율의 상관관계에 대한 1988년과 2002년 두 차례의 UN 연구 결과에 의하면 사형제도 폐지가 범죄율을 높일 것이라는 가설은 전혀 입증되지 않고 있다고 한다. 캐나다의 경우, 살인에 대한 사형을 폐지한 1975년을 기점으로 인구 10만 명당 살인율이 계속해서 감소하고 있다. 1975년 당시 3.09명이던 것이 1980년에는 2.41명 그리고 사형을 폐지한 지 25년이 지난 2001년도에는 1.78명으로 줄어들어, 1975년에 비해 42%나 감소하였다.

논제	사형제도는 필요하다.
입론에서 제시한 논거와 사례 확인	
부분적으로 동의하며 반박하기	
논거 및 사례 제시하며 반박하기	
반론 정리	

09 반론하기

과제 2

7과 〈과제 2〉에서 발표한 입론에 대해 반론을 구성해 봅시다.

논제	
입론에서 제시한 논거와 사례 확인	
부분적으로 동의하며 반박하기	
논거 및 사례 제시하며 반박하기	
반론 정리	

✔ 위 발표문을 구성할 때 다음과 같은 점을 검토한다.

- 상대팀이 제시한 논점 중 설득력이 약한 점을 잘 선택하여 논리적으로 비판했나? ☐
- 반박의 근거는 객관적이고 타당한가? ☐
- 간결하고 분명하게 반론을 정리했나? ☐

10 토론하기

교사용 토론 수행 평가표

일시	년 월 일	평가자	
토론 주제			
토론자	찬성 팀:		
	반대 팀:		

대영역	중영역	소영역	찬성 측			반대 측		
			학생①	학생②	학생③	학생❶	학생❷	학생❸
내용 (60점)	주장의 논리성	주제를 명확히 제시했나?						
		상대의 주장을 잘 비판했나?						
		자신의 주장을 잘 방어했나?						
	근거의 객관성	용어를 정확히 정의했나?						
		사례를 잘 소개했나?						
		사실적인 증거를 제시했나?						
언어 표현 (30점)	유창성	속도, 발음, 크기가 적절했나?						
	정확성	문법에 맞게 말했나?						
	적절성	격식에 맞는 문체를 선택했나?						
태도 (10점)	토론 태도	참여자의 말을 잘 경청했나?						
		이성적으로 대응했나?						
합계 (100점)								
교사의 총평								

표현

- 찬성 측 입론 시작하겠습니다. … 이상으로 찬성 측 입론 마치겠습니다.
- 질문을 드리겠습니다. … 이상으로 확인 질문을 마칩니다.
- 반론 시작하겠습니다.… 이상입니다.

- 토론을 하기 전에 어떤 준비를 해야 합니까?
- 토론에 대해 평가를 할 때 어떤 점들을 평가합니까?

토론 개요 표

토론 주제 : 영어 공용화

토론자 : 찬성 측 ①②③, 반대 측 ❶❷❸

구성 (총 40분)	내용
찬성 측 ① 입론 (6분)	세계화가 진행되면서 영어를 잘 하는 것은 국제 사회를 살아가는 데 중요한 능력이 되었다. 만약 한국이 필리핀이나 하와이처럼 영어를 공용화한다면 유학비로 흘러 나가는 외화를 아낄 수 있고 자연스럽게 영어를 구사하는 인구가 많아지면서 국가 경쟁력도 높아지지 않겠나?
반대 측 ❶❷❸ 확인 질문 (3분)	국민 모두가 영어를 배울 필요가 있나?
반대 측 ❶ 입론 (6분)	영어를 공용어로 하면 경쟁력이 향상된다고 주장하나 일부 국가에서는 영어 공용화 이후 수출량보다 오히려 수입량이 더 많아진 측면이 있다. 따라서 일본처럼 전문 번역 인력을 양성하는 국가 차원의 정책적 지원이, 영어 공용화 논의보다 선행되어야 한다.
찬성 측 ①②③ 확인 질문 (3분)	영어를 공용화한 이후 대외 수입 의존도가 더 커져 경제 상태가 나빠진 국가의 사례를 들어 설명해 줄 수 있나?
찬성 측 ② 반론 (5분)	국제 무역 의존도가 높은 한국의 상황에서는 영어 공용화를 통해 잃는 것보다 얻는 것이 더 많다. 전문 번역인 양성 정책을 추진하더라도 급증하는 정보를 실시간으로 모두 번역해 전달하는 것은 불가능하다.
반대 측 ❶❷❸ 확인 질문 (3분)	과연 영어 공용화를 추진했을 때 경제적 측면 이외의 분야에서도 장점이 많다고 생각하나?
반대 측 ❷ 반론 (5분)	고유 언어를 지키는 것의 가치는 경제적 가치로만 환산할 수 없다. 고유한 문화가 경쟁력이 되는 21세기에 언어의 획일화가 아닌 다양화로 언어 정책을 세우는 것이 경제적인 관점에서도 장기적으로는 더 유리하다.
찬성 측 ①②③ 확인 질문 (3분)	영어 공용화를 추진하면서도 한글을 보존하고 발전시킬 수 있지 않나?
찬성 측 ③ 최종 발언 (3분)	언어도 국가의 경제적 자산 가운데 하나다. 그러므로 언어 정책은 시대의 변화와 사용자의 필요에 따라 과감하게 바꿀 필요가 있다. 경제적으로 많은 도움이 될 영어 공용어를 추진하면서도 한글 문화를 계승하는 작업을 병행할 수 있다.
반대 측 ❸ 최종 발언 (3분)	언어는 같은 언어를 사용하는 사람들의 세계관을 담은 것이다. 언어가 다르면 세계를 다른 눈으로 보고, 다르게 느끼게 된다. 사용자의 편이를 위해 언어를 획일화하겠다는 발상은 문화의 다양성을 저해하는 위험한 시각이다.

10 토론하기

1. 다음 토론의 각 단계에 어떤 내용이 들어가야 할지 정리해 봅시다.

입론 → 확인 질문 → 반론 → 확인 질문 → 최종 발언

2. 토론을 하기 전에 자신이 활용할 자료를 다음과 같이 정리해 봅시다.

논제 : 교사의 체벌

주장 : 교사의 체벌은 합법화되어야 한다.

논거		한 교실 당 교사가 관리해야 하는 학생 수가 많은 한국의 현실에서 체벌에 의한 통제는 불가피하다.
자료	내용	**| 교사의 학생처벌에 대한 의견 |** 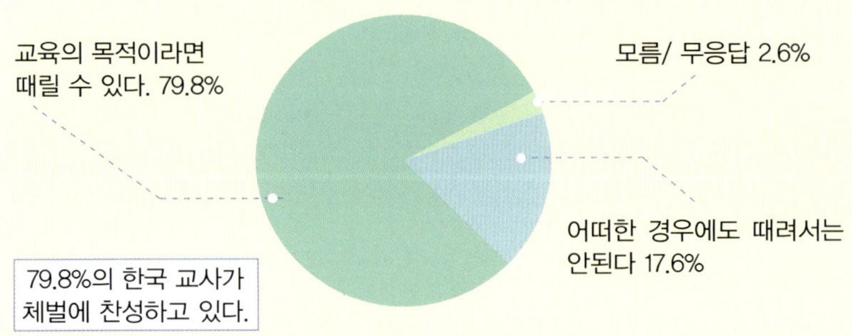
	출처	2006. 7. 13. http://article.joins.com

도움말

- 발언을 할 때 정해진 시간을 지킨다.
- 상대방의 논의 중간에 끼어들지 않는다.
- 논점 별로 논거 카드를 만들어두면 질문과 반박에 유용하다.
- 최종 발언에서는 자기 팀의 논점을 요약한 후, 상호 질문 과정에서 알아낸 상대 논거의 한계를 간단하게 언급한다.

논제 : ____________________

주장 : ____________________

논거		
자료	내용	
	출처	

표 현

찬성(반대) 측 입론하기	• **찬성(반대) 측 입론 시작하겠습니다.** • **이상으로 찬성(반대) 측 입론 마치겠습니다.**
확인 질문과 답변하기	• **확인 질문 드리겠습니다.** • **이상으로 확인 질문을 마칩니다.**
반론하기	• **찬성(반대) 측 반론 시작하겠습니다.** • **이상 찬성(반대) 측 반론 마치겠습니다.** • **이상입니다.**
최종 발언하기	• 영어 공용화**에 대한 찬성(반대) 측 최종 발언 시작하겠습니다.** 반대(찬성) **측에서는** 언어의 가치를 경제적으로 환산할 수 없**다고 하셨습니다만, 저희 찬성(반대) 측은** 언어도 국가의 경제적 자산 가운데 하나**라고 생각합니다.** • **이상으로 최종 발언을 마치도록 하겠습니다.** • **이상 토론을 모두 마치겠습니다. 감사합니다.**

10 토론하기

토론

1. 입론과 확인 질문

입론 내용을 들으면서 확인 질문할 내용을 정리해 봅시다.

주제	
입장	찬성 ☐ 반대 ☐
상대 측 입론 내용	· · ·
확인 질문	· · ·

2. 반론과 확인 질문

반론 내용을 들으면서 확인 질문할 내용을 정리해 봅시다.

상대 측 입론 내용	· · ·
확인 질문	· · ·

평 가

1. 상대 팀이 수행한 토론에 대해 평가해 봅시다.

평가 내용	부족	다소 부족	보통	잘함	아주 잘함
	①	②	③	④	⑤
• 자기 팀의 입장을 명확히 제시했나?					
• 상대 팀의 주장을 잘 비판했나?					
• 자기 팀의 주장을 잘 방어했나?					
• 주요 용어를 정확히 정의했나?					
• 필요한 사례를 잘 소개했나?					
• 사실적인 증거를 제시했나?					
• 분명한 발음으로 내용을 잘 전달했나?					
전체적인 평가					

2. 토론을 할 때 잘한 점과 개선해야 할 점을 생각하면서 자기 평가를 해 봅시다.

평가 항목	세부 평가	그렇다	그저 그렇다	아니다
내용	논거에 따라 필요한 근거를 잘 준비했나?			
	받은 질문에 대해 적절한 답변을 했나?			
	논점에 맞게 일관된 주장을 했나?			
표현	단어의 뜻을 정확하게 알고 썼나?			
	높임말을 잘 썼나?			
진행	시간 배분 등 토론의 규칙을 잘 지켰나?			
	이성적인 태도를 유지하면서 예의를 지켰나?			
	상대방의 말을 중간에 자르지 않고 끝까지 들었나?			
전달	발음이 정확하고 속도가 적당했나?			
	표정과 시선을 잘 관리했나?			